W0189285

Inhalt

Wie alles begann 7

Kapitel 1:
Die Macht und die Ohnmacht 27

Kapitel 2:
Die Gräben werden tiefer 63

Kapitel 3:
Die unsichtbare Demokratie 103

Kapitel 4:
Die neue Welt 149

Kapitel 5:
Die Demokratie braucht uns 205

Handlungsmöglichkeiten 237

Zu guter Letzt 249

Danke 251
Lektüreliste 253
Anmerkungen 255

Claudine Nierth
mit Katharina Höftmann Ciobotaru
Die Demokratie braucht uns!

GOLDMANN
Lesen erleben

CLAUDINE NIERTH

mit Katharina Höftmann Ciobotaru

DIE DEMOKRATIE BRAUCHT UNS!

Für eine Kultur des Miteinander

GOLDMANN

Klimaneutral
Druckprodukt
ClimatePartner.com/14044-1912-1001

MIX
Papier aus verantwortungsvollen Quellen
FSC® C014889

Penguin Random House Verlagsgruppe FSC® N001967

1. Auflage
Originalausgabe September 2021
Copyright © 2021 by Wilhelm Goldmann Verlag, München,
in der Penguin Random House Verlagsgruppe GmbH,
Neumarkter Str. 28, 81673 München
Umschlaggestaltung: UNO Werbeagentur, München
Umschlagmotiv: Burgis Wehry
Redaktion: René Stein
EB · CF
Satz: Vornehm Mediengestaltung GmbH, München
Druck und Bindung: Friedrich Pustet GmbH & Co. KG, Regensburg
Printed in Germany
ISBN 978-3-442-31646-5

www.goldmann-verlag.de

Wie alles begann

»Das wichtigste Amt in der Demokratie
ist das des Bürgers.«

BASTIAN BERBNER, JOURNALIST

Meine Hände ausgestreckt, rechts und links jeweils in der
Hand eines anderen Menschen, so stand ich mitten auf der
Schwäbischen Alb. Ich war 16, und meine Hände und ich
bildeten ein Glied in einer Menschenkette zwischen Ulm und
Stuttgart. 108 Kilometer und 300 000 Menschen sichtbarer *1983*
Widerstand gegen die Stationierung von atomaren Spreng-
köpfen der US-Amerikaner in Süddeutschland. Es gab noch
keine Handys, mit denen wir den Moment hätten festhalten
können, keine Drohnen, die eindrucksvolle Aufnahmen aus
der Luft machten. Es gab nur uns und unseren Händedruck.
Von Stuttgart bis Ulm. 108 Kilometer Menschen, die alle für
dasselbe einstanden. Und über unseren Köpfen rotierte ein
Hubschrauber, aus dem irgendwann per Lautsprecher verkündet wurde: »Jetzt ist die Kette geschlossen!«

Es war 12:40 Uhr an einem sonnigen 22. Oktober im Jahr
1983, und in diesem Moment begriff ich: *Wenn ich jetzt loslasse,
dann hat die Kette eine Lücke!*

In diesem Moment wurde mir klar, dass ich immer ein Glied in der Kette in unserer Gesellschaft sein wollte, auf das es ankam. Dass ich immer Teil des Ganzen sein und zum Gemeinwohl beitragen wollte. Das ist das Anliegen, das mich damals mit 16 voll und ganz erfüllte und mich bis heute trägt. Dieser Impuls ließ mich erst bei Amnesty International für Menschenrechte einstehen und dann bei Greenpeace für den Erhalt der Natur. Bis mir eines Tages klar wurde, dass ich keine Lust hatte, den Rest meines Lebens als Bittstellerin auf der Straße zu stehen und darauf zu hoffen, dass andere meine Wünsche erhören. Ich wollte selbst mitbestimmen. Und ich wusste auch schon wie, lebte ich doch nicht umsonst in unmittelbarer Nachbarschaft zur Schweiz: durch Volksinitiativen!

Ich wollte auch bei uns mit Volksinitiativen gute Ideen auf den Weg bringen. Ich wusste, dass es keine Lösung ist, all jene, die etwas mitentscheiden wollen, einfach ins Parlament zu schicken, das wären zu viele Menschen im Bundestag. Nein, es musste einen Weg geben, die Menschen von dort aus einzubinden, wo sie sind. In diese Richtung wollte ich die Demokratie weiterentwickeln.

Ich wollte mehr Demokratie für alle.

Ein paar Jahre nach meinem Schlüsselerlebnis, inzwischen war es 1988, befand ich mich am anderen Ende von Deutschland und tat genau das, was ich mir vorgenommen hatte: Ich stand mit einem alten dunkelblauen umgestalteten Berliner Doppeldeckerbus vor dem Rathaus in Westerland auf Sylt, mit dem Freunde durch das ganze Land fuhren, um mit

Menschen über die Einführung von Volksabstimmungen zu sprechen. Damals lebte ich auf der Nordseeinsel und grub meine Hände tief in den Schlick – ich wollte vor meinem Studium bei einem Bildhauer ins Atelier gehen, entschied mich dann aber für eine Lehre im Kunsthandwerk auf Sylt.

Aber der Sommer 1988 war an der Nordsee kein Sommer wie zuvor. Denn 1988 war der Sommer, in dem die Robben starben. Allein im August des Jahres wurden an der Küste Schleswig-Holsteins 500 tote Tiere angeschwemmt, und mit jedem angeschwemmten Kadaver schien die Endzeit der Menschheit näher zu kommen. Insgesamt starben in diesem Jahr 18 000 Seehunde, etwa 60 Prozent des Gesamtbestands. Gemeinsam mit der Algenblüte führte dieses schreckliche Massensterben zu großer medialer Aufmerksamkeit. Man fragte sich nicht nur, warum die Robben starben, sondern auch, was die Umweltverschmutzung wirklich anrichtete. Es lag ein »Wir müssen jetzt etwas tun!« in der Luft. Hektisch wurden Plastiktüten verbannt und die Mülltrennung diskutiert, um die Meere zu schützen. Die Landwirte, die für die erhöhten Nitratwerte und die schäumende See verantwortlich gemacht wurden, bekamen einen Großteil der Wut ab. Aber im Grunde konnten sie nicht anders, solange die Profitgier anderer ihnen nur einen kümmerlichen Ertrag einbrachte.

Schon damals war der Teufelskreis offensichtlich. Ein Teufelskreis, in dem wir uns bis heute befinden und den wir nur gemeinsam und mit neuen Gesetzen durchbrechen können. Ich beobachtete all das und entschied mich, Mitglied in dem damals gerade gegründeten Verein *IDEE* zu werden, der später in *Mehr Demokratie* umbenannt wurde. Ich ahnte noch nicht, dass er meine politische Heimat werden würde, dass ich zehn Jahre nach meinem Eintritt Vorstandssprecherin werden und bis heute bleiben würde. Es war eine Zeit, in der der bevorstehende Klimawandel, die Folgen der Erderwärmung zwar bekannt, aber noch in ferner Zukunft lagen. Es war eine Zeit, in der wir – und mit »wir« sind vielleicht ein Dutzend Aktivisten gemeint – uns noch gegenseitig anriefen und darauf hinwiesen, wenn in irgendeiner Zeitung nur mal das Wort »Volksabstimmung« aufgetaucht oder von der Beteiligung der Bürger:innen die Rede war. Dann sprangen wir aus der Hose und glaubten, jetzt bräche ein neues Zeitalter für die Demokratie an. Welche Hybris! Und doch war es so.

Drei Tage lang fuhren wir mit jenem auffälligen Gefährt, dem blauen Omnibus mit der Aufschrift »Volksabstimmung«, gemeinsam über die Insel und sprachen von morgens bis abends mit den Menschen. In List am Hafen gewann ich die Sympathie des Fischhändlers Jürgen Gosch (heute ein kleines Imperium, damals nur eine Fischbude). Er bot uns an, die eigens für diese Aktion von dem Künstler Johannes Stüttgen gemalte Fahne für diesen Sommer an seinen Fahnenmast in den Wind zu hängen. So flatterte monatelang über Deutschlands nördlichster Fischbude das Symbol der Robbe, verbunden mit einem Menschenkörper als Zeichen der bedrohten Verbindung zwischen Mensch und Schöpfung und dem Begriff »Volksabstimmung« in Großbuchstaben. Für mich war das der Beginn der Überzeugung: Ich kann die Welt beeinflussen, ich muss nur auch tatsächlich anfangen es zu tun. Mit 21 Jahren organisierte ich also meine erste Pressekonferenz in der Alten Post in Westerland. Wir wollten auf das Robbensterben aufmerksam machen.

Vor allem aber wollten wir Volksabstimmungen ermöglichen, und dafür brauchten wir viele Fürsprecher:innen und Unterschriften. In meinem WG-Zimmer stand eine Palette gedruckter Stimmbriefe, für deren Verbreitung ich zuständig war. Diese Paletten waren in ganz Deutschland in diversen Wohnzimmern von irgendwelchen Sympathisanten gelandet. Die Briefe und damit die Stimmabgabe für die Volksabstimmung sollten schneeballsystemartig ihren Weg durch die Bundesrepublik machen. Jeder Haushalt brauchte sie nur zu unterschreiben und weiterzugeben, bis 60 Millionen Bundesbürger:innen unterzeichnet hätten. Das war der ganze Plan. Keine Strategie, keine Organisationsstruktur, kein Netzwerk, keine Bündnispartnerschaft, kein Projektmanagement, nur Naivität und Überzeugung. Das war unser Kapital. Das kleine Einmaleins der erfolgreichen Kampagnen lernten wir später. **Erst mal glaubten wir an uns selbst.** Und auch ich begann tatsächlich, an mich selbst zu glauben. Meine engsten Freunde allerdings nahmen zweifelnd Abstand, fragten mich, ob ich mir all das wirklich zutrauen und ob ich mich nicht übernehmen würde. Ich konnte diese Frage nicht mal verstehen, denn ich spürte die Kraft in mir, das alles zu schaffen. Das alles und noch mehr. An meinem Infostand vor dem blauen Doppeldeckerbus begegnete mir dann jedoch die Realität. Denn wie ich da so stand, starrte mich ein Mann völlig fassungslos an und fragte: »Wie jetzt, sollen wir wirklich über die Farbe des Gartenzauns meines Nachbarn abstimmen?«

Ich begriff: Vor uns lag noch ein weiter Weg. Und im Grunde hatte ich keine Ahnung, wovon ich sprach, ich wusste nicht wirklich, wie wir Volksabstimmungen rechtlich verankern und ins Grundgesetz bekommen sollten. Ich hatte keinen blassen Schimmer von solchen Wortungetümen wie Gesetzgebungsverfahren, Ausschlusstatbestände oder Zustimmungsquoren. Ich wusste nur, dass Volksabstimmungen dreistufig sein müssen und dass man zuerst mit einer Volksinitiative für seine Idee wirbt. Wenn genügend Menschen der Idee mit einer Unterschrift folgen, kommt es zur zweiten Stufe, dem Volksbegehren. Jetzt müssen erheblich mehr Menschen die Initiative wieder per Unterschrift unterstützen und damit zeigen, dass sie die Abstimmung über diesen Vorschlag auch wirklich begehren. Dann erst kommt es zur dritten Stufe, zur Volksabstimmung über den Vorschlag aus dem Volk. Heute sind diese drei Stufen gängige Praxis in allen Bundesländern.

Damals wusste ich nur intuitiv, dass es richtig war, was ich tat. Ich wusste, dass wir Menschen für unsere Welt die Verantwortung gemeinsam übernehmen müssen, und dieses *Gemeinsam* musste irgendwie organisiert werden, im Idealfall über Abstimmungen unter Beteiligung aller. Ja, ich wusste, dass unser Grundgesetz mit Artikel 20 (2) eine Möglichkeit offenhielt, und diese Tür nutzten wir damals mit der Aktion Volksentscheid, der ersten Kampagne, die eine bundesweite, selbst organisierte Abstimmung über die Volksabstimmung unter knapp 45 Millionen Wahlberechtigten durchführen wollte. Absoluter Größenwahn und grenzenlose Selbstüberschätzung – aber ein Anfang. Der Beginn der Demokratiebewegung in Deutschland.

Bis heute bin ich überzeugt: **Wenn du etwas verändern willst, denke groß!** Du kannst gar nicht groß genug denken. Du musst es sogar, denn sonst fehlt dir die Kraft für den ersten Schritt. Früher kämpften wir gemeinsam mit Stars wie Herbert Grönemeyer gegen FCKW in Spraydosen, um die Ozonlöcher über den Polkappen zu schützen oder um Atomanlagen zu verhindern. Heute ist *Mehr Demokratie* die größte NGO für direkte Demokratie und Bürgerbeteiligung. *Mehr Demokratie* hat bis heute über 36 Verfassungs- und Gesetzesreformen initiiert und 43 Volksinitiativen und Volksbegehren auf den Weg gebracht. Böse Zungen, die sich in ihrer Macht beschnitten fühlen, beschimpften uns als kleine, gut organisierte Minderheit. Das waren wir auch, aber ohne den Rückhalt von 70 bis 80 Prozent der Bevölkerung hätten wir nichts bewegen können. Jede Idee muss sich in der Praxis beweisen. Erst wenn sie umgesetzt ist, siehst du, ob sie richtig gedacht wurde. Und jede Initiative braucht Resonanz, wenn sie erfolgreich sein soll. Und die hatten wir. Und all das habe ich natürlich nie allein gemacht. Wir waren immer eine Handvoll Leute, die sich die Arbeit untereinander aufteilten. Wir waren immer im Team, immer auf Augenhöhe, immer am Start, bereit für den nächsten Schritt. Bis heute.

Hätte mich damals auf Sylt jemand gefragt, ob ich politisch sei, hätte ich gelacht und den Kopf geschüttelt. Nein, ich bin Künstlerin, durch und durch Ästhetin. Ich möchte lediglich, dass auch unsere Verhältnisse schöner werden.

Wir Menschen haben die Welt zu dem gemacht, was sie heute ist, und wir alle haben Einfluss darauf, was sie morgen sein wird. Ich lasse mir von niemandem sagen, das wäre alles nicht möglich.

Keine zehn Jahre nach der Tour mit dem Omnibus auf Sylt

stand ich in Hamburg-Ottensen in der Fußgängerzone. Ich hatte gerade gelernt, dass in Hamburg mit »Bürgerschaft« nicht die Bürgerinnen und Bürger, sondern die Abgeordneten im Parlament gemeint sind (aha), aber auch, dass Hamburg immerhin über ein sogenanntes Feierabendparlament verfügte, deren Mitglieder keine Berufspolitiker:innen waren – das gefiel mir. Und auch ich wollte etwas tun: Im langen roten Sommerkleid schleppte ich meinen Schreibtisch, eine alte Tür auf zwei Böcken, in die Fußgängerzone und sammelte wieder Unterschriften. Wir waren zu fünft. Fünf Idealisten, die das erste Volksbegehren in Hamburg initiierten.

Nachdem *Mehr Demokratie* in Bayern gerade seinen Durchbruch mit seinem ersten großen Volksbegehren erlebt hatte, starteten wir in Hamburg die ersten beiden Volksinitiativen. Wir wollten eine Erleichterung der direkten Demokratie erreichen und Bürgerentscheide in Hamburgs Bezirken einführen, für beide Vorhaben hatten wir Gesetzentwürfe erarbeitet. Hamburg hatte gerade eine Regelung für Volksentscheide in seiner Verfassung verankert. Alles noch sehr restriktiv. Also nutzten wir diese Möglichkeit, um sie gleich zu verbessern.

Im Hinterkopf immer unser wichtigstes Prinzip: Über ein Mehr an Demokratie müssen alle abstimmen.

Und so sammelte ich fleißig Unterschriften auf den Straßen von Hamburg, blickte die Häuserwände hoch und wusste, dass wir am Ende von der Hälfte der Bürger:innen hinter den Fenstern die Zustimmung brauchten. Das war verdammt viel.

Ich wusste aber auch, wenn wir das schaffen, wird Hamburg eine andere Stadt. Wenn sich die Hälfte der Bevölkerung mit dem demokratischen Selbstbestimmungsrecht auseinandersetzt und die Frage beantwortet, ob es ein Mehr oder ein Weniger an Beteiligung für die Menschen geben soll, dann ändert sich diese Stadt. Dann entsteht ein neues Wir-Gefühl, ein neues Verantwortungsbewusstsein für diesen Ort.

Dieses Mal hatten wir einen stringenten Projektplan und Bündnispartner:innen. Außerdem gelang es mir, neben den Schauspielerinnen Marie-Luise Marjan und Heidi Kabel auch den Schuhhändler Friedrich Görtz als prominente Unterstützung zu gewinnen. Unser Mitinitiator Manfred Brandt, ein gestandener Bauer aus Moorburg und bis heute ein gefürchteter wie umstrittener Initiator vieler Volksinitiativen, brachte außerdem Willi Bartels, den »König von St. Pauli«, als Unterstützer mit an Bord. In der obersten Etage in seinem Hotel Hafen Hamburg, mit Blick über die ganze Stadt, fand unsere Pressekonferenz zum Auftakt statt. Die Journalisten waren skeptisch. Sie fragten immer wieder: Warum macht ihr das? Was habt ihr davon? Und wer bezahlt euch?

Die Absicht, mehr Demokratie für alle und nicht nur für sich selbst zu wollen, stieß auf allgemeines Misstrauen. Um unserer Initiative mehr Gehör zu verschaffen und um unsere Unterschriftenliste möglichst breit zu verteilen, liefen wir nicht nur von Briefkasten zu Briefkasten, von Fußgängerzone zu Fußgängerzone, sondern wir sammelten auch Geld für eine ganzseitige Anzeige im Hamburger Abendblatt. Als wir die 17 000 D-Mark endlich beisammenhatten, war es so weit. Zu zweit fuhren wir im Fahrstuhl im Axel-Springer-

Haus in die Anzeigenabteilung im 14. Stock. Ich weiß noch, wie ich dachte: *Jetzt fährst du in die Höhle des Löwen.* Axel Springer und der Springerverlag waren der Erzfeind meines Vaters, gegen den er einst in Hamburgs Michel von der Kanzel gegenüber der versammelten revoltierenden Studentenbewegung gepredigt hatte. Ich dagegen fühlte mich wie eine Siegerin. Eine Anzeige für eine bessere Welt in einem Springerblatt – das war doch mal was. Wenige Tage später fuhr ich mit der S-Bahn Linie 3 von der Innenstadt nach Altona, als mir ein Mann gegenübersaß, der seine Zeitung umblätterte, und mir als eine der drei Initiatorinnen des Volksbegehrens auf der halben Seite mein eigenes Lächeln entgegenstrahlte. Verlegen und mit rotem Kopf blickte ich zu Boden.

Die harte Arbeit war nicht umsonst, und es zahlte sich aus, dass wir gleich mit zwei Volksbegehren losmarschiert waren: einmal für die Erleichterung der bestehenden Regeln für die ganze Stadt und einmal für die Einführung in den Bezirken. Und wir schafften es! Beide Begehren erhielten deutlich mehr Unterstützung als die erforderlichen 10 Prozent. Über 200 000 Hamburger:innen hatten unser Volksbegehren innerhalb von zwei Wochen mit einer Unterschrift unterstützt. Das war atemberaubend!

Damit war die erste Volksabstimmung in Hamburg sicher, und wir erlebten unseren Durchbruch. Jetzt kannte man uns, wusste, wofür wir standen. Jetzt wurden wir ernst genommen. Auch weil die »besseren« Gegenden, die Menschen der wohlhabenden Elbvororte, hinter uns standen. Es folgte eine Einladung des Bürgermeisters, und ich landete mit meinem Kollegen Manfred Brandt bei Ole von Beust im Rathaus auf dem schwarzen Ledersofa. Mein erstes Gespräch mit einem echten Politiker, noch nicht ahnend, dass dem Hunderte folgen würden. Ich war überrascht. Von Beust sprach ungefiltert und ehrlich mit uns. Er sagte, wenn es nach ihm ginge, würde er unsere Vorschläge annehmen und umsetzen und nach fünf Jahren die Bürger:innen über die Beibehaltung in einer Abstimmung selbst entscheiden lassen. Ich war baff! »Einverstanden, bin dabei.« Der Vorschlag hatte jedoch einen Haken. Ole von Beust räumte ein, dass er mit diesem Entgegenkommen allein wäre, seine Kollegen in der Fraktion würden da nicht mitziehen. Zu groß das Risiko. Zu groß die Angst vor Kontrollverlust.

Zum ersten Mal verstand ich, wie ohnmächtig auch Mächtige sein konnten.

Die Wahrheit ist: Als ich anfing, mich für direkte Demokratie, für Volksabstimmungen in unserem Land einzusetzen, glaubte kaum jemand, dass das etwas bringen würde. Die Menschen konnten mit dieser direkten Demokratie nicht viel anfangen. Seitdem hat sich viel getan. Unsere Organisation wuchs und wurde immer erfolgreicher. Nachdem meine Kollegen 1995 in Bayern per Volksabstimmung den Bürgerentscheid auch für die Gemeinden ermöglichten, hatten wir jetzt den Stadtstaat Hamburg erobert. Weitere Länder folgten. Immer nach demselben Prinzip: *Mehr Demokratie* machte Vorschläge, wie wir mehr Beteiligung, mehr Demokratie, mehr Wahlrecht durchsetzen konnten, und ließ dann die Bevölkerung darüber abstimmen.

Inzwischen können wir in Deutschland auf über 8000 Bürgerbegehren in den Gemeinden und auf knapp 400 Volksinitiativen in den Ländern zurückschauen. Heute sind die regelmäßigen wissenschaftlichen Berichte von *Mehr Demokratie* dazu selbstverständlich. Trotzdem ist Deutschland unter 27 Mitgliedsländern immer noch das einzige Land in der EU, das noch nie auf Bundesebene eine Abstimmung erlebt hat. Während andere Länder über die Einführung von Atomkraft oder den Euro abstimmten, bleibt uns nur das Vertrauen in unsere Regierung.

Dass wir die Machtfrage so aktiv stellten, gefiel nicht allen. Unsere Arbeit als Verein ging auch nur so lange so leicht, bis die Mächtigen zum Schlag ausholten. Es folgten die ersten Klagen gegen unsere Initiativen vor den Verfassungsgerichten in den Bundesländern, und wir führen bis heute einen Kampf um angemessene Hürden, zulässige Themen und darüber, ob die Ergebnisse von Volksabstimmungen auch den Haushalt durch Mehrkosten beeinflussen dürfen. Bis heute ist das vor allem auch ein Kampf um Macht – darf die Bevölkerung genauso viel wie das Parlament?

Was uns damals in Bayern und Hamburg gelang, sollte überall gelingen, man müsse nur mit allen Menschen reden können, dachte ich mir. Also beschloss ich, einen alten Berliner Doppeldeckerbus zu kaufen. Ich fand auch einen, ausrangiert, alt und mit Moos überzogen. Ich begann zu hämmern und zu schrauben. Ich baute die Sitzbänke aus, klopfte eine von zwei Treppen in das obere Stockwerk heraus, baute Betten, Küche, Bad und einen Infotresen rein, ließ ihn weiß lackieren sowie mit der Aufschrift »Omnibus für direkte Demokratie in Deutschland – Volksabstimmung« in meiner Lieblingsfarbe Grün versehen. Nebenbei machte ich den LKW-Führerschein, und ab ging's durchs ganze Land, um auf den Marktplätzen mit den Menschen über die Vorteile von Volksabstimmungen und die tiefe Bedeutung der Demokratie zu sprechen. Der Bus, schneeweiß und mit goldenem Messingband gekrönt, war eine rollende Skulptur und sollte so lange fahren, bis bundesweite Volksabstimmungen rechtlich möglich sind. Seit Herbst 2000 ist er unterwegs auf der Straße und fährt heute immer noch von Mensch zu Mensch – nur ohne mich. Denn ich wurde schwanger, und als der Bauch definitiv nicht mehr hinter das Lenkrad passte, ging ich von Bord.

Das Wichtigste für mich und meine Arbeit ist aber immer noch die Überzeugung, dass Demokratie das Versprechen der größtmöglichen Zufriedenheit aller Menschen ist. Ja, da ist noch viel Luft nach oben. Demokratie erschöpft sich nicht in der bloßen Mehrheit über die Minderheit. Und vor allem erschöpft sie sich nicht in einer Wirklichkeit, in der »die da oben« das Sagen haben und »die da unten« machtlos sind. Es gibt nämlich nicht nur unzufriedene Menschen in der Bevölkerung, sondern auch unzufriedene Menschen in der Politik. Die einen sind unzufrieden, weil die Politik nicht tut, was sie wollen. Und die anderen sind unzufrieden, weil sie nicht regieren können, wie sie wollen, und sie abhängig von lästigen Koalitionen und störenden Oppositionen sind. Oder weil sie wie Ole von Beust in Hamburg als Einzige in ihrer Fraktion an eine Idee glauben.

Dabei ist die Demokratie die beste Form, unterschiedliche Interessen abzuwägen, zu moderieren und zusammenzubringen. Ein Weg, an dessen Ende gemeinsam getragene

Entscheidungen und umsetzbare Beschlüsse stehen! Die Qualität der Demokratie wird bis heute leider oft noch daran gemessen, wie hitzig Diskussionen geführt werden. Ich denke, die Demokratie täte gut daran, Gräben zu schließen und Spaltung zu überwinden. Demokratie kann Andersdenkende zusammenbringen, Extreme integrieren und vernünftige Lösungen und mehrheitsfähigen Konsens ermöglichen – und das, ohne jemanden auszuschließen. Das ist in Zeiten, in denen die Gräben zwischen den Menschen immer tiefer werden, in denen aus Leuten mit unterschiedlichen Meinungen unerbittliche Feinde werden, in denen im Internet gepöbelt, beschimpft und bedroht wird, bitter nötig.

Die Spaltung der Gesellschaft ist eine Gefahr für die Demokratie. **Wir brauchen einen Kulturwandel in der Politik, um wieder alle in Sichtweite zusammenzubringen.** In der Demokratie liegt die Chance, all die Kontrahenten, die Klimagegner:innen und -aktivisten, die Ideologen und die Zweifler:innen, die Jungen und die Alten wieder zusammenzubringen – wenn sie nur endlich wieder sichtbarer, ja erlebbarer wird. Wenn wir die Demokratie stärken wollen, brauchen wir viele demokratische Erlebnisse.

Durch eigene demokratische Erfahrungen wächst unser Wunsch nach mehr Demokratie. Solange sich diese Erfahrung auf ein Wahlkreuz alle vier Jahre beschränkt, komme ich im Leben auf der Bundesebene vielleicht auf 15 demokratische Erlebnisse. Wenn ich mich aber als aktive Teilhaberin der Demokratie wahrnehmen will, dann brauche ich viel mehr Momente der Wirksamkeit.

Mein erstes politisches Erlebnis damals mit 16 Jahren in der Menschenkette war der erste Ausdruck eines Bedürfnisses nach mehr Demokratie, nach mehr Teilhabe und nach mehr gemeinsamen Entscheidungen. Erlebnisse wie diese zeigten mir, wie wichtig es ist, die Kraft der Demokratie zu erleben. Wie wichtig es ist, Menschen danach zu fragen, was ihr schönstes demokratisches Erlebnis war. Denn wir müssen Demokratie geradezu einatmen, um zu erfahren, welche Bedeutung sie für uns hat. Je mehr wir die Erfahrung machen, dass wir es sind, die unsere Verhältnisse beeinflussen, und nicht die anderen, je mehr wir einen Gemeinsinn herausbilden, desto mehr werden unser Zusammenhalt und unser gesellschaftliches Selbstbewusstsein wachsen. Ein gemeinsames Selbstbewusstsein, die Fähigkeit, die Dinge in die Hand zu nehmen, sind dringend nötig in einer Welt, die sich ständig transformiert – innerlich und äußerlich. Alte Systeme tragen immer weniger, und neue Systeme bahnen sich nur langsam ihren Weg. Egal, ob wir über die Natur (Klimawandel oder Umweltverschmutzung), die gesellschaftlichen Strukturen (Ungleichheit und Spaltung) oder auf die individuelle Entwicklung des oder der Einzelnen schauen: Es gibt sie, die Substanz, die alle integriert und gesellschaftlichen Zusammenhalt schafft. Es gibt sie, die neue Kultur des Miteinander. Aber die Demokratie braucht uns, um diese Kultur des Miteinander voll und ganz für sich zu nutzen.

Ich glaube: **Je mehr du dich mit der Demokratie befasst, desto mehr entfaltet sie sich vor dir, desto schöner wird sie.** Du kannst sie nicht sehen, du kannst sie nur erleben, und das nur mit anderen. Du kannst in die Demokratie eintauchen und sie fühlen. In hitzigen Diskussionen, wenn du dich traust, deine eigene Meinung zu sagen, sie zu hinterfragen, sie zu ändern, oder herausgefordert bist, sie zu behaupten oder immer neu zu begründen. Wenn du merkst, wie du mit jedem gehörten Beitrag immer tiefer in eine Sache eintauchst, dir die inhaltliche Materie zu eigen machst. Oder wenn du in einer Abstimmung gewonnen oder verloren hast und du siegessicher oder traurig und enttäuscht bist. Wenn du dich von der Kraft einer guten Idee mitreißen lässt oder voller Wut dein selbst gebasteltes Transparent durch die Innenstädte trägst. Wenn du erlebst, dass in unserem Land eine Unterschrift reicht, um Demokratie zu erleben, während in anderen Ländern Menschen ihr Leben dafür lassen müssen. Dann wirst du demütig. Dann liebst du, was du hast.

Irland – und alles wurde anders

Und dann hörten wir eines Tages von Irland. Als Irland neue Wege in der Politik beschritt, brachte das auch mich auf einen neuen Weg.

Aber von Anfang an: Das Parlament im katholischen Irland wurde sich über Jahre nicht einig, ob es die gleichgeschlechtliche Ehe ermöglichen sollte. Jede Fraktion scheute die Entscheidung, drohte doch der Verlust von Wählenden entweder der einen oder der anderen Position. Das Parlament erkannte seine eigene Not und machte daraus eine Tugend. Es übertrug diese Fragestellungen zur Beratung einer zufällig zusammengesetzten Bürgerversammlung.

Die homophoben, also schwulenfeindlichen Bürger:innen saßen dabei den homosexuellen gegenüber, erst verhasst, am Ende befreundet. Am Ende stimmten 64 Prozent der Versammlung für die Homoehe. Das Parlament übernahm die Empfehlung. Um sie jedoch in die Verfassung schreiben zu können, musste die irische Bevölkerung in einer Volksabstimmung zustimmen. So sieht es die irische Verfassung vor. Ebenfalls zwei Drittel stimmten im Referendum am 22. Mai 2015 für die »Homoehe«. Und auch die Presse in Deutschland wurde auf die Ereignisse in Irland aufmerksam. »Irland wagt ein Experiment: Eine Bürgerversammlung diskutiert wichtige Themen und beeinflusst das Parlament« und »So ist lebendige Politik entstanden – und eine Freundschaft zweier Männer, die füreinander erst nur Vorurteile übrighatten«, schrieb der Journalist Bastian Berbner in einer Geschichte im SZ-Magazin mit dem Titel *Ich und der ganz andere,* für die er den Henri-Nannen-Preis erhielt. Irland bekam mehr Demokratie. Und wir neue Ideen.

Neben Irland, Frankreich, Belgien, Kanada und Spanien experimentieren immer mehr Länder mit dieser neuen Form – auch wir. Die einen nennen sie Citizens' Assembly, wir nennen sie einfach Bürgerräte. Allen gemeinsam ist das Format und der Prozess: Man versammelt per Losverfahren möglichst alle in der Bevölkerung vertretenen Positionen an einem Tisch und lässt die Menschen gemeinsam die beste Lösung für alle finden. Das Prinzip ist einfach, der Prozess vielschichtig und die Ergebnisse heiß begehrt. Sie könnten neue Wegweiser für die Parlamente und die Öffentlichkeit bei grundsätzlichen Entscheidungen werden. So war es jedenfalls in Irland. **Gemeinsam und friedlich fand man**

die Lösung in einer Sache, die jahrzehntelang unüberbrückbare Gräben durch die Gesellschaft gezogen hatte.

Das ist auch mein Ziel bis heute: eine Bürgerschaft, die Gräben überbrückt und in grundsätzlichen Fragen die bestmöglichen Entscheidungen gemeinsam trifft. Ich will die Weiterentwicklung der Demokratie durch mehr direkte Beteiligung der Menschen – das ist meine Mission. Deshalb bin ich Teil einer breiten Demokratiebewegung.

Wir schreiben 2018, und nach 35 Jahren überzeugter Arbeit für die Demokratie sitze ich schließlich im Großen Saal im Schloss Bellevue. Gemeinsam mit beeindruckenden Persönlichkeiten wie Dunja Hayali und Juli Zeh, direkt neben mir meine beiden Töchter. Ich lasse meinen Lebensweg bis zu diesem Moment dankbar Revue passieren, bis Frank-Walter Steinmeier schließlich auch mich aufruft und meine Arbeit in der Demokratiebewegung mit dem Bundesverdienstkreuz am Bande ausgezeichnet. Hätte mir damals, 1983 in der Menschenkette, jemand erzählt, dass ich jetzt hier im roten Kleid und schwarzen Pumps stehen würde, ich hätte gelacht. Ich hätte richtig laut gelacht. Das wäre mir viel zu staatstragend gewesen. Das Kreuz hängt schwer am Bande, aber es ist noch lange nicht die Krönung meiner Arbeit. Das Kreuz ist nur ein weiterer Anfang. Die Demokratie zu entdecken, sie zu gewinnen und zu entfalten, ihr immer näher zu kommen und sie jeden Tag neu zu begreifen ist die schönste Aufgabe meines Lebens.

Mit diesem Buch eine Liebeserklärung an die Demokratie zu schreiben war eine besondere Herausforderung. Euch auf diese Reise mitzunehmen eine besondere Ehre. Also lasst es uns anpacken. Denn unsere Demokratie verlangt nach mehr Demokratie! Und was könntest du für deine Beziehung zu Demokratie beitragen? Warum liest du diese Zeilen? Was hat dich zu diesem Buch greifen lassen? Wie würdest du mir deine Geschichte, deinen Zugang zur Demokratie erzählen?

Warum braucht die Demokratie dich und uns?

KAPITEL 1:
Die Macht und die Ohnmacht

»Die Stärke des Leoparden besteht in
der Furcht vor dem Leoparden.«

SPRICHWORT

Es war ein Dienstagnachmittag, 14:30 Uhr, als ich von drei Ministerialbeamten zum Büro des Innenministers eines Bundeslandes geführt wurde. Als der Minister den Raum betrat, sprangen die drei Männer in Dunkelblau auf, senkten den Blick und machten routiniert ihre angedeutete Verbeugung, während ich mich durchstreckte und kerzengerade den Blick des Ministers mit einem Lächeln erwiderte. Kurzes Händeschütteln, dann nahmen wir gegenüber voneinander Platz, zwischen uns der Schreibtisch. Schnell kamen wir zur Sache, und ich bat den Minister um seine Hilfe. Ich wusste von seiner Offenheit gegenüber unseren Anliegen für mehr direkte Demokratie, auch auf Bundesebene. Er war inhaltlich völlig bei mir. Jedoch, gestand er mir dann, seine Möglichkeiten zur Mithilfe seien begrenzt. Er könne nicht viel ausrichten, über ihm stehe der Ministerpräsident, der hätte mehr Einfluss auf den Bund.

Wenig später sprach ich mit dem Landeschef, immerhin Mitglied der erfolgreichsten Partei in Deutschland. Auch ihn bat ich um Hilfe. Eindringlich erklärte ich ihm, dass wir ohne ihn in der Sache nicht weiterkämen. Gleiches Spiel. Obwohl inhaltlich bei uns, seien ihm doch die Hände gebunden. In der Ministerpräsidentenkonferenz aller Bundesländer müsse man klug vorgehen und den richtigen Zeitpunkt abwarten. Die Machtbalance zwischen A- und B-Ländern sei hier entscheidend. Gemeint waren die Mehrheitsverhältnisse von rot oder schwarz regierten Bundesländern. Letztendlich müsse man Verbündete finden, ohne sich unbeliebt zu machen.

Also besuchte ich gleich den nächsten Landeschef. Ich fragte ihn ganz unverfroren, ob er uns helfen könne, schließlich sei er auch nah an der Kanzlerin. Ja, genau das sei das Problem. Sie stehe über ihm. Hier seien ihm die Hände gebunden, denn sie sei anderer Meinung. Selbst das Gespräch mit dem Bundespräsidenten verlief ähnlich. Er war inhaltlich nur begrenzt für unser Anliegen, machte aber vor allem deutlich, dass er so oder so keine große Hilfe sein könne, da sein Amt ihn verpflichte, sich aus der Arbeit des Parlaments und der Regierung herauszuhalten. Seine Aufgabe sei zwar, die Gesetze in letzter Instanz zu unterzeichnen, aber auf ihren Entstehungsprozess dürfe er keinen Einfluss nehmen.

Ich war verzweifelt.

Mir wurde von Gespräch zu Gespräch bewusster, dass mit der Ranghöhe des Amtes auch die Abhängigkeiten zunahmen und der Gestaltungsspielraum für politisches Handeln immer enger wurde. **Je höher das Amt, desto ohnmächtiger der Politiker oder die Politikerin?** Wie frei war ich dagegen? Okay, verdrehte Welt. Ich begriff: Da, wo die größte Macht vermutet wird, im verantwortlichen politischen Amt, ist das Korsett am engsten und die Ohnmacht oft am größten. Und da, wo gefühlt die Ohnmacht am größten ist, bei den Menschen auf der Straße, ist die Unabhängigkeit und Macht größer, als man meint.

Machttaktik statt echter Zusammenarbeit

Der Glaube oder die Überzeugung, dass wir nur den Klügsten unter uns ausfindig und zum Chef der Nation zu machen brauchen, schmilzt mit jeder Wahl und ihren Folgen dahin. War es früher relativ einfach, dass sich zwei oder drei Parteien die Macht und ihre Aufgaben teilen, bilden sich heute immer mehr Parteien und schaffen es in die Parlamente. Das Regieren wird immer schwieriger. Abgeordnete werden gewählt und können am Ende aufgrund der vielen politischen Zwänge nichts von dem umsetzen, wofür sie gewählt wurden. Machttaktik verhindert echte Zusammenarbeit zwischen Parteien. Über das Gelingen eines Gesetzesvorhabens entscheidet, wer im Parlament die Regierungsmehrheit stellt. Im Grunde entscheidet mehr die Regierung als das Parlament. Wenn die Opposition, also die nicht an der Regierung beteiligten Parteien, eine Idee (ein Gesetz) einbringen, wird sie prinzipiell abgelehnt. Jede noch so gute Sache wird torpediert, eben weil sie aus der Opposition kommt, mit der man in der Regel so gut wie nichts gemeinsam macht. Überhaupt entscheidet sich fast die gesamte Politik einer Legislatur in den ersten Wochen nach der Wahl mit den Koalitionsverhandlungen. Da wird quasi die Tagesordnung für die kommenden vier Jahre festgelegt. Hier wird von einer Handvoll Spitzenpolitiker und -politikerinnen ausgehandelt und in den Regierungsvertrag geschrieben, was dann in den folgenden vier Jahren umgesetzt wird. Und alles, was da nicht drinsteht, wird in der Regel auch nicht gemacht.

Aber schauen wir uns doch mal an, wie solche Koalitionsverhandlungen vonstattengehen. Am besten an einem prominenten, weil leider böse gescheiterten Beispiel: den Jamaika-Sondierungen im Herbst 2017, als CDU/CSU, FDP und BÜNDNIS90/DIE GRÜNEN nach den Bundestagswahlen vom 24. Oktober 2017 versuchten, erstmals eine schwarz-gelb-grüne Regierung zu bilden.

Gleich nach der Wahl hatte die SPD, die schwere Verluste verzeichnen musste, angekündigt, keine große Koalition mehr zu bilden und stattdessen in die Opposition zu gehen. Die Grünen wiederum verkündeten nach der Wahl, nur dann in Koalitionsverhandlungen zu treten, wenn Kernvorhaben ihres Zehn-Punkte-Plans wie Klimaschutz, sozialer Zusammenhalt und soziale Gerechtigkeit ein politischer Schwerpunkt der zukünftigen Bundesregierung bilden würden. Gleichzeitig bemühte man sich bei den Grünen von Anfang an, eine Kultur des Kompromisses zu betonen. Aber vor allem wollte man mal wieder regieren. Denn während die Partei auf Landesebene an vielen Regierungskoalitionen beteiligt war, in Baden-Württemberg sogar als stärkste Kraft, lag die letzte und einzige Regierungskoalition auf Bundesebene mehr als zehn Jahre zurück. Für die Grünen ging es also echt um was.

Und auch die CDU/CSU hatte viel zu verlieren: Immerhin hatte die AfD mit 12,6 Prozent ein erdrutschartiges Ergebnis eingefahren. Einen Anteil, der die CDU/CSU in ganz besonderer Weise bedrohte, denn in vielen Positionen mussten die Christdemokraten nun in den Koalitionsverhandlungen klarmachen, dass die konservative Wählerschaft weiter auf sie setzen konnte. Man müsse, so CSU-Chef Horst Seehofer damals, die »Polarisierung« bekämpfen und »politisch-radikale Kräfte« zurückdrängen. Sowohl für die Grünen als auch für die CDU/CSU ging es in dieser potenziellen Koalition also auch darum, die eigene Identität zu wahren und die eigene Wählerschaft nicht zu enttäuschen.

Und dann war da noch die FDP, zutiefst traumatisiert, dass sie in der Wahl 2013 nach ihrer Regierungsbeteiligung von 2009 bis 2013 aus dem Bundestag geflogen war. So traumatisiert, dass die Partei eine Beteiligung an der Regierung eigentlich von Anfang an ausschloss? Wenn man Insiderinformationen und Medienberichten glaubt, dann ja. Anscheinend hatte das Team um Parteichef Christian Lindner von Anfang an nicht vorgehabt, sich wirklich ernsthaft auf die Sondierungsgespräche oder gar Koalitionsverhandlungen einzulassen. Der Schock bei CDU/CSU und den Grünen war dennoch riesig, als Christian Lindner im letzten Moment, kurz vor der vermeintlichen Einigung und Unterzeichnung eines Koalitionsvertrages, den Ausstieg aus den Verhandlungen verkündete.

Was war passiert? Anstatt Sachkompetenzen anzuerkennen, anstatt zu akzeptieren, dass die Grünen nun mal die Experten in Klimafragen waren und die Menschen der CDU/CSU in Fragen der inneren Sicherheit mehr zutrauten, zog die FDP, die zwar mit Themen wie Digitalisierung punkten konnte, dennoch die Reißleine und brachte die ganzen Verhandlungen zu Fall. Das ist die eine Variante der Geschichte. Die andere: Während der Sondierungsgespräche wurden bei der FDP unangenehme Erinnerungen an ihre letzte Koalition mit der CDU/CSU wach. Noch einmal wollte man sich nicht über den Tisch ziehen lassen, Fragen wie flexiblere Arbeitszeitregelung, Einschränkung der Vorratsdatenspeicherung und vor allem den Soli-Beitrag wollte die FDP zu ihren Gunsten entscheiden. Vor allem aber war die FDP von innen geschwächt: Sie verfügte zu dem Zeitpunkt der Sondierungsgespräche über 80 Abgeordnete, allerdings drei Viertel davon Neulinge. Das war ein Nachteil, der sich bemerkbar machte. Es fehlte an etablierten Strukturen, an Selbstbewusstsein, an Expertise. Es war zu früh, um nach dem gerade wieder erfolgten Einzug ins Parlament sofort in der Regierung zu landen, die FDP fühlte sich der Aufgabe nicht gewachsen. Alles gute Gründe, aber alles Gründe, die der Wählerschaft, die immer noch keine funktionierende, kompetente Regierung hatte, nichts nutzten.

Vor allem ging es aber auch, glaubt man einer Analyse von FAZ-Journalisten,[1] um eine männlich geprägte Verhandlungskultur. So stellt die FAZ in ihrem umfassenden Feature *Woran ist Jamaika wirklich gescheitert?* fest: »Eine junge Grünen-Abgeordnete sagt, Göring-Eckardt und Merkel hätten das Gekläffe am Tisch stoisch ertragen. In dieser Ausnahmesituation, unter Stress und Schlafmangel, zeigten die Leute, so empfand sie es, ihr wahres Gesicht. Eine andere Grünen-Abgeordnete mutmaßt: Hätten die ganze Zeit nur Frauen verhandelt, wäre die Kanzlerin jetzt schon gewählt. Und noch eine Abgeordnete erzählt von Sitzungen, in denen die Stimmung überraschend gut war. Zum Beispiel in der Runde über Familienpolitik, in der zwanzig Leute saßen. Dort sei intensiv zur Sache diskutiert worden. Von der FDP war Katja Suding mit dabei. Bei den Verteidigungspolitikern verstanden sich die konservative Ursula von der Leyen und die junge Grüne Agnieszka Brugger sehr gut.«

Für den Moment soll das Beispiel Jamaika 2017 vor allem eins klarmachen: wie ohnmächtig die Menschen in der Politik oftmals in ihrem Job sind.

Im Nachgang zu Koalitionsverhandlungen hieß es dann vor allem für die nicht an der Regierung beteiligten Fraktionen umso mehr Ohnmacht statt Macht, denn sie wurden in den Zuschauerraum auf die Oppositionsbank verfrachtet. Manche chancenlos für immer. Ihre Anliegen werden so gut wie nie in die Gesetzgebung einfließen.

Eine Lösung wäre eine Minderheitsregierung gewesen. Stellen wir uns vor, die beiden von Jamaika 2017 hinterbliebenen Partner (CDU/CSU und BÜNDNIS 90/DIE GRÜNEN) hätten sich trotzdem zum Regieren zusammengerauft – und zwar ohne Mehrheit im Parlament –, dann hätten sie sich je nach Inhalt mal mit der einen, mal mit der anderen Oppositionspartei absprechen müssen, um Gesetze und Vorhaben umsetzen zu können. Das wäre die Möglichkeit für mehr Sachallianzen und weniger Machtallianzen gewesen. Es hätte wechselnde Mehrheiten für jedes Thema gegeben. Und Entscheidungen wären eben nicht auf Basis dessen getroffen worden, wer die Regierung stellt und wer die Opposition. Denn im Moment ist es doch so: Die Partei, die in die Opposition geht, hat für die Zeit der Legislaturperiode fast nichts mehr zu melden. Es gibt sehr seltene Ausnahmen, wie zum Beispiel bei dem Gesetz für die gleichgeschlechtliche Ehe. Hier kam der erste Vorstoß aus der Opposition, und zwar von der Linken zusammen mit den Grünen. Dann folgte ein Vorschlag aus dem Bundesrat. Über die Abstimmung dieses Vorschlages wurde die Abstimmung im Bundestag »freigegeben« – das bedeutet, dass der Fraktionszwang für diese eine Abstimmung aufgehoben wurde. Jetzt konnten alle Abgeordneten frei entscheiden und mussten sich nicht an ihre Parteilinie halten. Die Abstimmung war ungewiss und wurde mit Spannung verfolgt. So kam es, dass die Ehe für alle mit Stimmen aus allen Fraktionen beschlossen wurde.

Für die Demokratie ist es bereichernd, wenn wechselnde Mehrheiten für verschiedene Themen gefunden werden. Das müsste viel öfter passieren. Denn diese Sachallianzen sind etwas Neues und würden auch ein neues Interesse der Öffentlichkeit an der Politik wecken. Ähnliches hätte für die gesamte Legislatur gegolten, wenn sich CDU/CSU und Grüne dazu entschieden hätten, eine Minderheitsregierung zu bilden. Dann hätte die Regierung bei jedem Thema eine Mehrheit mit der Opposition aushandeln müssen. Und die Opposition hätte sich ihre Zustimmung immer etwas kosten lassen, hätte also auch mal ein Vorhaben durchsetzen können. Eine solche Konstellation hätte unsere Alltagspolitik, unsere Demokratie belebt, die Debatten wären jedes Mal mit Spannung auf ihren Ausgang beobachtet worden. In unserem Nachbarland Dänemark und auch in anderen Ländern Skandinaviens hat man mit Minderheitsregierungen gute Erfahrungen gemacht. Für die Regierenden bedeutet dies allerdings, dass die Sicherheit, vier Jahre durchzuregieren, flöten geht. Und diese Vorstellung gefällt den meisten Machern und Macherinnen in der Politik eben gar nicht. Verständlich. Dazu gehört Mut. Und dieser Mut fehlte im Herbst 2017, denn schließlich war gerade die AfD das erste Mal in den Bundestag gewählt worden. Das bedeutete Risiko und Unsicherheit genug. Deshalb wurde die SPD am Ende geradezu bekniet, doch noch einmal, gegen ihren Willen, mit der CDU/CSU eine große Koalition zu bilden, um »stabile Verhältnisse« herzustellen. Dieser Schritt hat die SPD viel gekostet, und bis heute hat sie sich in den Umfragewerten davon nicht erholt.

Wer sind diese Menschen in der Politik eigentlich?

Herauszufinden, warum jemand in die Politik geht, interessiert mich bis heute. Denn es sagt etwas über den Menschen aus. Warum bist du angetreten? Welches Anliegen hat dich hierhergebracht? Was wolltest du verändern?

Ein Mitglied eines Parteivorstandes erzählte mir zum Beispiel mal, dass er als Siebzehnjähriger, geprägt durch die Kriegserfahrungen seines Vaters, beschloss, sich ein Leben lang dafür einzusetzen, dass von Deutschland nie wieder Krieg ausgeht. Dieser Beschluss würde ihn bis heute in seiner Arbeit im Bundestag motivieren. Einen anderen recht bekannten Politiker packte die nackte Verzweiflung beim Fernsehen. Er hielt es nicht mehr aus, als einfacher Bürger die Politik und ihre Akteure vom Sofa aus zu beschimpfen. Er raffte sich auf und ging zur nächsten Kreisversammlung einer Partei. Er wollte nicht nur kritisieren und alles besser wissen, er wollte in die Politik, um es besser zu machen. Bis vor Kurzem wurde er als Kanzlerkandidat gehandelt. Viele Frauen, mit denen ich gesprochen habe, erklärten mir hingegen, dass sie in die Politik gingen, weil sie die Geschicke der Macht nicht den Männern allein überlassen wollten. Manch eine gab ihren Beruf in der Absicht auf, im Bundestag etwas zu bewegen, wirklich etwas zu verändern. Alle, wirklich alle, die ich kenne, zeigen hundertprozentigen Einsatz. Anders geht es in der Politik auch gar nicht. Doch wenn du einmal gewählt und »drin bist«, dann verhindern unsäglich viele Zwänge, Termine, Meetings, Sitzungen, Debatten, Veranstaltungen und endloses Ringen um oft nur winzige Veränderungen dein inhaltliches Fortkommen. Ein jeder wurde bisher von der Wucht des parlamentarischen Systems ergriffen. Ehe man sich versieht, ist man mittendrin in einem unglaublichen Räderwerk.

Wir stehen vor einem Dilemma. Mit der Politik sind nicht nur die Menschen in der Bevölkerung unzufrieden, sondern oft auch die Politikerinnen und Politiker. Die Schuld auf jene zu schieben, die Politik machen, ist einfach, aber nicht die Lösung. Ich habe über die Jahre mit über 500 Politiker:innen aller Fraktionen und Regierungen persönlich gesprochen, und ich habe bis heute keinen einzigen Menschen getroffen, der nicht – zumindest ursprünglich – in die Politik gegangen ist, um einen gesellschaftlichen Beitrag zu leisten, die Lebensumstände zu verbessern oder um für das Wohl aller zu kämpfen. Sicher gibt es auch ein paar schwarze Schafe, aber fast alle hatten starke Handlungsimpulse, kluge Ideen und fundierte Lösungsansätze. Kaum einer hat sich für diese Aufgabe entschieden, um sich zu bereichern. Im Gegenteil, hätten sie ihr Glück in der freien Wirtschaft versucht, wären viele heute sicher wohlhabender. Zudem sind Abgeordnete mit immer kleinteiligeren Gesetzen konfrontiert, die sie oft nur noch mithilfe von Experten, oft sogar nur noch von den betroffenen Unternehmen und Lobbyisten beurteilen können. Genau deshalb wird der Lobbydruck dann auch so hoch, da Unternehmen sich in die Politik einmischen, um sich vor belastenden Detailregelungen zu schützen. Darüber hinaus sind die Entwürfe für Gesetze, welche aus den Ministerien ins Parlament eingebracht werden, meist schon so weit ausgearbeitet und festgezurrt, dass sie nur sehr schwer bis gar nicht mehr im Grundsätzlichen änderbar sind. Das frustriert die Zusammenarbeit, denn was nutzt es, wenn nur die »Experten« in der Verwaltung die Gesetze gestalten, aber jene, die dafür ins Parlament gewählt wurden, diese Aufgabe der Gesetz*erarbeitung* gerade nicht erfüllen? Damit die Abgeordneten mehr das machen könnten, was wir uns eigentlich von ihnen erhoffen, nämlich innovative Gesetze kreieren, bräuchten sie aber nicht zwei oder drei Mitarbeitende, sondern mindestens fünf oder mehr.

Ein Abgeordneter einer Regierungspartei schilderte mir den »klassischen Werdegang« eines Abgeordneten im Bundestag einmal so: Wenn du neu in den Bundestag gewählt wirst, dann arbeitest du dich die erste Legislatur, also die ersten vier Jahre, als Hinterbänkler erst mal ein. Du bist im Grunde Praktikant im Betrieb und lernst alles kennen. Du richtest dir deinen Arbeitsplatz ein und freust dich über die Aufgaben, die dir die Fraktionschefs zuweisen oder die für dich als Neuling noch übrig bleiben. Wenn du frisch in den

Bundestag kommst, kannst du noch alles fordern, wofür du angetreten bist. Als Neuling genießt du noch Welpenschutz, da kommt es auf das eine oder andere Wort noch nicht so an. Auf jeden Fall beginnst du erst mal deine Arbeit in den eher unwichtigen Ausschüssen wie zum Beispiel im Petitionsausschuss.[*]

Wenn du als Mitglied des Bundestages dann das zweite Mal ins Parlament gewählt wirst, sieht die Lage schon anders aus. Jetzt solltest du dich gut vernetzen, in den richtigen und wichtigen Ausschüssen sitzen und beginnen, dir einen Namen zu machen. Wirst du dann ein drittes Mal gewählt, ist das die Legislatur, die darüber entscheidet, ob du bleibst. Wie gut deine fachliche Expertise ist und ob du einflussreich wirst und vor allem ob du infrage kommst für höhere Ämter in der Fraktion oder auch in der Regierung. Den Revoluzzer gibst du in der Legislatur aber auf gar keinen Fall mehr. Deine Verankerung in der Fraktion, die Treue und Loyalität zu deinen Kollegen entscheidet jetzt über deinen weiteren Aufstieg. Jetzt bist du vernetzt und bekannt. Das muss in

---

[*] Der Petitionsausschuss behandelt alle eingegangenen Petitionen – bis zu 20 000 pro Jahr – und verweist die interessantesten an die Fraktionen. Hinter jeder Petition verbirgt sich ein Anliegen aus der Bevölkerung. Es gibt eine klägliche Handvoll Petitionen, deren Anliegen tatsächlich umgesetzt wird. Zuletzt passierte das unter großem Beifall der Öffentlichkeit mit einer Petition, die der nachhaltige Hygieneartikelhersteller Einhorn gemeinsam mit den Aktivistinnen Nanna-Josephine Roloff und Yasemin Kotra auf den Weg gebracht hatte: Mit viel Medienrummel und der Unterstützung zahlreicher Prominenter und Influencer:innen sammelte man in einer Massenpetition 50 000 Unterschriften dafür, dass Tampons, Binden und andere Hygieneprodukte nicht mehr mit 19 Prozent besteuert werden, sondern nur mit 7 Prozent. Die erfolgreiche Kampagne, die unter dem Motto »Die Periode ist kein Luxus« lief, zeigte, welche Möglichkeit das ansonsten eher frustrierende Petitionsrecht bietet, wenn man es richtig anpackt.

dieser Logik auch so sein, denn sonst funktioniert das Prinzip der Lagerbildung im Parlament nicht mehr. Nur starke, geschlossene Fraktionen setzen sich durch.

Zweimal im Monat kommt der Bundestag für je fünf Tage zusammen. Das heißt, die Abgeordneten kommen nach Berlin angereist, um Politik zu machen. Die meisten von euch werden jetzt überrascht sein, weil sie glauben, der Bundestag tage jeden Tag im Reichstagsgebäude. Nein, so ist es nicht. Wenige Abgeordnete gehen ihren Berufen noch nach, viele haben noch zusätzliche Ämter in ihrem Wahlkreis, sind in der Partei beschäftigt, sitzen in unsäglich vielen Gremien oder fahren in ihren Wahlkreisen von Veranstaltung zu Veranstaltung, um für die Wählenden auch sichtbar zu sein. Während der Sitzungswochen treffen sich dann alle Abgeordneten jeden Dienstag zu ihren Fraktionssitzungen. Jede Partei hat ihre eigene Sitzung, geführt von den Fraktionschefs. Wer von den Fraktionschefs den Laden im Griff hat, ist auf dem Parkett des Parlaments eine »sichere« Partnerschaft und angesehen. Zusammengefasst: Ab der dritten Legislatur riskieren Abgeordnete keine Alleingänge mehr, keine Querschläge und keine grundsätzliche Kritik an einem System, von dem sie längst Teil geworden sind und das sie ernährt. Menschlich völlig verständlich. Die wenigen, die es anders machten, sind entweder gar nicht so weit gekommen oder haben sich von ihrer Fraktion getrennt und wurden Einzelgänger:innen.

Spätestens jetzt merken Abgeordnete, in welche Ferne ihre ursprünglichen Ziele gerückt sein können und wie sehr sie in den Sachzwängen der parlamentarischen Strukturen gefangen sind. Aber immerhin kennen sie jetzt auch die Schleichwege, die es ermöglichen, vielleicht doch das eine oder andere zu bewegen. Mal hier einen Vorteil für den eigenen Wahlkreis auszuhandeln, mal da einen Parteikontakt in der Regierung clever zu nutzen. Manchmal ist es sogar ein klug eingefädelter interfraktioneller Antrag mit Freunden anderer Fraktionen, der einen gemeinsamen Vorstoß vorbereitet. Man ist für die eigenen Leute zum »Fachpolitiker« oder zur »Fachpolitikerin« geworden, der oder die für bestimmte Themen steht. Darauf verlässt sich die gesamte Fraktion inhaltlich. Man sitzt im richtigen Ausschuss, die eigene Expertise ist gefordert, und die Fraktion folgt seinen Beschlussempfehlungen. Dieses Vertrauen muss man jeden Tag aufs Neue gewinnen. Das ist harte Arbeit. Wenn man richtig gut ist und »Freunde« in allen Fraktionen hat, tut sich auch mal eine Chance für ein Herzensanliegen auf.

Die Menschen wollen gehört werden

Auf so einem Wege hätten wir beinahe mal die Volksentscheide ins Grundgesetz bekommen.

Eines der Gründungsmitglieder von *Mehr Demokratie* ist Gerald Häfner. Er zog 1987 zum ersten Mal für die Grünen in den Bundestag ein. Sein Herzensanliegen war der Ausbau der Demokratie und Volksabstimmungen. Durch ihn kam das Thema Volksentscheide unter der rot-grünen Regierung auf die Agenda des Bundestags. Beide Regierungsfraktionen hatten sich zu Beginn des Jahres 2002 auf Eckpunkte geeinigt, und es bestand eine reale Chance, die Zweidrittelmehrheit für eine Grundgesetzänderung zu erreichen. Rot-Grün brachte den Entwurf ein und setzte dafür auf die Unterstützung von Teilen der FDP, CSU und PDS (heute DIE LINKE).

Wir vom Verein *Mehr Demokratie* flankierten das Parlament mit einer Kampagne und einem breiten Bündnis unter dem Titel »Menschen für Volksabstimmung«, dem immerhin 81 namhafte Menschenrechts-, Umwelt- und Unternehmerverbände sowie Kirchen und Gewerkschaften angehörten. Der verhandelte Gesetzentwurf bezog sich auf Artikel 20 (2) im Grundgesetz, in dem es heißt: »Alle Staatsgewalt geht vom Volke aus. Sie wird vom Volke in Wahlen und Abstimmungen (…) ausgeübt.« Während das hier erwähnte Wahlrecht schon 1949 im Grundgesetz genau geregelt wurde, wollte man mit den Regelungen für Abstimmungen noch etwas warten. Und jetzt war die Zeit gekommen, jetzt sollte der Bundestag sie gesetzlich regeln.

Am 7. Juni 2002 stand die Abstimmung im Bundestag an. Fiebernd verfolgten wir die Ereignisse. Für uns ging es um alles – hop oder top! Dann das Abstimmungsergebnis: Eine Mehrheit im Bundestag stimmte für die Einführung von Volksabstimmungen, aber die CDU und Teile der FDP blockierten, sodass es für die nötige Zweidrittelmehrheit nicht reichte. Am Ende fehlten 96 Stimmen. Von den 666 Stimmen wären 444 erforderlich gewesen, es waren aber »nur« 348. Was für eine bittere Niederlage.

Wir waren so nah dran an der Erfüllung eines Traumes, den damals laut Umfragen immerhin 80 Prozent der Menschen im Land träumten. 80 Prozent für mehr direkte Mitsprache. Vor ein paar Monaten jedoch erzählte mir ein CDU-Abgeordneter, wie damals Mitglieder der SPD sich bei ihnen in der CDU-Fraktion vor der Abstimmung mehrfach versichert hätten, ob die CDU/CSU auch wirklich geschlossen gegen Volksentscheide stimmen würde. Denn nur dann würde sie, die SPD, dafür stimmen können. Wie viele wirklich für Volksabstimmungen waren, haben wir letztlich nie erfahren.

Einige Jahre später ging dieser Krimi weiter. Während der Koalitionsverhandlungen zwischen SPD und CDU/CSU nach der Bundestagswahl im Herbst 2014 schlug bei mir morgens um vier das Handy mit der Meldung »Volksabstimmungen bundesweit geplant!« Alarm und ließ mich hellwach zurück. Anscheinend hatten sich Hans-Peter Friedrich (CSU) und der bedauerlicherweise schon verstorbene Thomas Oppermann (SPD) während der Koalitionsverhandlungen zusammengetan. In der Koalitionsgruppe Inneres und Recht hatte man sich darauf geeinigt, Volksabstimmungen in der kommenden Legislaturperiode zu ermöglichen. Die Menschen sollten zukünftig vor allem bei Fragen zur EU mitreden dürfen. Was für eine Nachricht! Wir konnten es kaum fassen und schwebten einen Tag lang wie auf Wolken.

Nun, was soll ich sagen? Es dauerte keine 24 Stunden, bis dieser Vorstoß von den Chefs der Koalitionäre zurückgerufen und relativiert wurde. Immerhin, die CSU ließ nicht locker und pokerte ihrer Schwesterpartei gegenüber hoch. Seehofer setzte Merkel die Pistole auf die Brust: Entweder kämen Volksabstimmungen oder die Autobahnmaut in den Koalitionsvertrag, oder die CSU sei nicht dabei.

Das Ergebnis ist bekannt – die LKW-Maut ist eingeführt. Bundesweite Volksabstimmungen bleiben ein Traum.

Bis heute hat immer wieder irgendeine Fraktion das Thema Volksabstimmungen auf Bundesebene in den Bundestag eingebracht. Insgesamt hat der Bundestag seit 1949 ganze 14 Mal über die Einführung von Volksabstimmungen abgestimmt. Ohne Erfolg. Eigentlich absurd, denn im Bundestag sitzen heute sieben Fraktionen, von denen sich – bis vor wenigen Monaten – sechs für die Einführung von Volksabstimmungen entweder in ihrem Grundsatz- oder im Wahlprogramm aussprechen. Konsequent standhafte Gegnerin der Idee ist nach wie vor die CDU. Seit wenigen Wochen haben sich nun auch die Grünen von der Idee der bundesweiten Volksabstimmungen abgewandt. Sie haben sich, unter der Führung ihrer neuen Vorsitzenden Annalena Baerbock und Robert Habeck, auf ihrem letzten Parteitag am 21. November 2020 mit knapper Mehrheit von einem ihrer Gründungsziele verabschiedet: Zu groß sei die Angst vor »falschen« Entscheidungen. Zu groß das Misstrauen gegenüber den Menschen. Oder vielleicht rückt die Partei auch nur zu nah an die Macht.

Die Konsequenz dieser Entscheidung bleibt die gleiche: Für das Volk gibt es keinen weiteren Weg, sich einzubringen. Es herrscht das Gefühl, nicht gehört zu werden.

Als ich 2015 in Österreich für sechs Monate Mitglied der Enquetekommission zur Weiterentwicklung der Demokratie war – übrigens als einzige Vertreterin einer NGO und einzige Ausländerin –, sagte mir ein Abgeordneter des Parlaments unverfroren ins Gesicht, dass wir absurde Vorstellungen hätten. Letztlich sei doch das Parlament gewählt, um die Bürgerschaft vor sich selbst zu schützen. Rumms!, dachte ich. Und irgendwie auch: Ja, endlich spricht mal einer aus, was viele denken, auch bei uns.

Es ist tatsächlich eine immer wieder zu findende Meinung in der Politik, dass die »Klügeren« die »weniger Klügeren« zu ihrem eigenen Schutz bevormunden müssten. Das Parlament müsse eben, so der Tenor, oft unbequeme Entscheidungen treffen, die zum Wohle der Allgemeinheit wären, weil die Allgemeinheit dieses Wohl nicht immer erkenne. Diese Annahme rüttelt an den Grundfesten der Demokratie, denn klug genug zum Wählen sind die Bürger:innen scheinbar schon.

Es ist eine Fehlannahme zu glauben, im Parlament säßen die Klügsten der Klugen. Und es ist eine weitere Fehlannahme zu denken, es müssten nur die Cleversten der Gesellschaft zusammenkommen, dann wird schon alles gut. Dieser Gedanke führt in die Expertokratie, aber nicht in die Demokratie im Sinne der Entscheidungsgewalt durch das Volk, durch den Souverän, durch die Bürger:innen. Eine grundlegende Errungenschaft der Demokratie ist aber, spätestens seit der Einführung des Frauenwahlrechts, dass sie prinzipiell alle Bürger:innen gleichermaßen einbezieht. Niemand ist außen vor oder weniger wert. Demokratie integriert alle, auch die, die zu Hause bleiben, denn auch damit bestimmen sie die Geschicke des Landes.

Das Gefühl, dass die Regierung Dinge über die Köpfe der Menschen hinweg entscheidet, steigt. Mit dem Funktionieren unserer Demokratie sind immer weniger Menschen zufrieden, zuletzt nur noch 54,3 Prozent der Bürger:innen nach einer Studie der Friedrich-Ebert-Stiftung.[2] Immer mehr Menschen wenden sich ab oder greifen Personen aus der Politik direkt an. Auf der Beliebtheitsskala der Berufe belegt Politiker:in seit Jahren die letzten Plätze. Unsere Demokratie erfüllt für viele

Menschen nicht ihre Erwartungen, denn je größer die Sehnsucht nach äußerer Führung und Abgabe der Verantwortung ist, desto mehr werden diese Erwartungen enttäuscht. Führungsfiguren erzeugen erst Hoffnungen, die sie dann aber nie erfüllen können. Egal wen wir wählen und heraufbeschwören – angesichts unrealistisch hoher Erwartungen und höchst komplexer Aufgaben muss ein einzelner Mensch überfordert sein. Hier liegt der Fehler schon im System. Ein System, in dem die Parteien sich selbst im Wege stehen, ein System, das die Willigen zerreibt und die Mächtigen mit ihren noch so guten Anstößen wirkungslos erscheinen lässt. **Je breiter und komplexer die Herausforderungen, desto mehr versagt die vertikale Hierarchie der Macht.**

Neuerdings wird sogar die Demokratie selbst in Zweifel gezogen, ob sie überhaupt in der Lage sei, die aktuellen Probleme in den Griff zu kriegen. Zweifler:innen schielen nach autokratischer Führung, wie sie in Ländern wie China praktiziert wird. Zu sehr sei die Demokratie von Eliten gesteuert, die Politik nur von und für höhere Bildungsschichten. Zu sehr seien die schwächeren Gesellschaftsschichten an den Rand gedrängt. Die Angst vor dem Zerfall der Gesellschaft in Arme und Reiche, Gebildete und Ungebildete, Zufriedene und Unzufriedene bedroht unsere Demokratie.

Ohnmachtsgefühle sind tückisch, geradezu gefährlich, das weiß jeder, der sich einmal ohnmächtig gefühlt hat. Das Gefühl, ohne Macht zu sein, bedeutet, dass die Macht woanders, außerhalb von mir ist. Wer sich ohnmächtig fühlt, verliert leicht die Beherrschung und verfällt entweder in Resignation oder Wut. Wer sich ohnmächtig und unterlegen fühlt, macht die außerhalb liegende Macht für diese Ohnmacht verantwortlich und greift sie früher oder später an. Kennen wir aus jedem handfesten Streit. Die Ohnmächtigen glauben, ihr Glück wäre von den anderen, den Mächtigeren abhängig. Damit schlüpfen sie unweigerlich in die lähmende Opferrolle. Aber die Wirklichkeit ist: Je mehr wir andere für unsere Ohnmacht verantwortlich machen, desto abhängiger sind wir. Wir manövrieren uns geradezu in die Handlungsunfähigkeit hinein.

Aber niemand wird das System, die Abhängigkeit, in der du dich gefangen siehst, so beeinflussen können wie du selbst. Wenn du darauf wartest, dass dich ebenjenes System, das dich einengt, befreit, kannst du lange warten. Denn in Wahrheit ist die größte Macht da, wo gefühlt die größte Ohnmacht liegt – bei den Bürger:innen. Bei dir und mir. Wir »hier unten« müssen niemandes Erwartungen erfüllen, müssen weder Kompromisse eingehen noch Koalitionen schmieden, müssen keinen Fraktionen unsere ewige Treue schwören, keinen Lobbyisten unsere Seele verkaufen und im Parlament unser Gewissen aufs Spiel setzen.

Wir hier unten – wir sind frei!

Wir können tun und lassen, was wir wollen. Können auf die Straße gehen. Können gerade herausschreien, was wir denken.

Doch wir suchen auch Sicherheit. Stabilität. Verbindlichkeit. Das ist verständlich, denn wir leben in Zeiten großer Unsicherheit. Die Welt verändert sich: Traditionelle Familienstrukturen zerfallen genauso wie Arbeitsumfelder oder die Gesellschaft. Die alten, erodierenden Strukturen drängen uns geradezu in die Eigenverantwortung. Selbstbestimmung ist gefragt. Wollen wir etwas wirklich Verlässliches, dann müssen wir es selbst erschaffen.

Solange wir die Macht einfach nur nach oben delegieren, solange wir nicht alle Teil der politischen Lösungsprozesse werden und eine Mitverantwortung übernehmen, so lange wird sich an der Unzufriedenheit nichts ändern. **Wir müssen den Gegensatz »Ihr da oben, wir hier unten« auflösen – zuerst in uns selbst.**

Denn das Gefühl der Ohnmacht herrscht auf beiden Seiten. Ich kenne einen Abgeordneten der SPD, der viele Jahre an der Regierung beteiligt war und schließlich völlig frustriert das Parlament verließ. Er gestand mir eines Tages, er habe eingesehen, dass man mit einer NGO, also mit einem Verein, mehr erreichen würde als in einer Partei. Ähnliches habe ich von Mitgliedern der Grünen gehört, die sich ernstlich fragen, was sie in ihrer vierzigjährigen Geschichte überhaupt erreicht haben. Weder das Artensterben noch den Klimawandel noch die Bodenversiegelung konnten sie stoppen, und der Marktanteil von ökologischen Lebensmitteln ist in den letzten Jahrzehnten nicht über 6 Prozent gekommen. Was läuft da schief? Alles, was wir zum Beispiel heute über den Klimawandel wissen, ist seit 40 Jahren mehr oder weniger bekannt. Warum ist seitdem so wenig geschehen?

Ich erinnere mich noch an ein Titelbild des Magazins *Stern* aus meiner Kindheit: Auf dem Bild war eine deutsche Stadt unter Palmen und mit tropischer Atmosphäre zu sehen. Die Schlagzeilen machten die zu erwartende Erwärmung der Erde deutlich, und das Bild suggerierte, was uns hier in Deutschland in wenigen Jahrzehnten erwarten könnte: Tropenurlaub! Ähnlich ausführlich wurde in den Medien in den vergangenen Jahrzehnten über unsere immer älter werdende Gesellschaft berichtet. Darüber, dass wir in einen zunehmenden Pflegenotstand sowie die Aushöhlung des Generationenvertrags schlittern. Früher ernährten drei Berufstätige einen Rentner oder eine Rentnerin, heute steuern wir auf ein Verhältnis von eins zu drei zu. Und das sind alles sehr vorhersehbare Probleme. Und eigentlich hätten wir genügend Zeit gehabt, darauf zu reagieren. Warum reagieren wir dann nicht? In Zeiten des Internets steht uns auf Knopfdruck alles Wissen der Welt zur Verfügung, und doch kommen wir nicht vom Fleck? **Wieso hetzen wir den ganzen Tag durch die Welt und hinken der Zeit doch hinterher?** Wieso wissen wir, was zu tun ist, und tun es nicht? Oder anders gefragt: Wieso können wir das Richtige zwar denken, aber kommen nicht in die Umsetzung?

Das ist die Frage, die unsere junge Generation auf die Straße treibt. Das ist der Grund, warum eine Greta Thunberg so verzweifelt an uns appelliert. Unsere Kinder versuchen uns wachzurütteln, für sie sind wir Schlafwandelnde, die einfach nicht aufwachen. Handeln wäre möglich, wenn, wenn, ja wenn … Ja wenn was? Wenn wir alle gemeinsam an einem Strang zögen statt jeder an einem anderen Zipfel des Lakens. Wenn wir uns der Kraft des gemeinsamen Handelns bewusster wären und sich nicht jeder nur auf sich selbst konzentrieren würde. Was nutzt es uns, wenn jeder für sich hier und da etwas bewusster, konsequenter, rücksichtsvoller oder ökologischer lebt? Die Wirkung ist so viel durchschlagender, wenn wir gemeinsam unser Handeln verabreden. Das gilt für den lokalen Rahmen genauso wie für den globalen. Die Bereitschaft der Menschen, gemeinsam die großen Probleme anzugehen, ist so viel größer, als die Politik dies den Menschen zutraut. Solange wir warten, dass die anderen unsere Welt retten, so lange wird sich nicht viel bewegen. Ich möchte mit allen Menschen Teil der Lösung werden, statt den ganzen Tag nur zu sehen, dass ich Teil des Problems bin. Ich möchte – wie viele andere Menschen auch – miteinbezogen werden, ich möchte mitdenken, ich möchte nicht geschont und nicht unterfordert werden. Und noch weniger möchte ich das Gefühl haben, dass sich die Politik von ihrer Wählerschaft nicht stören oder reinreden lassen will. Stattdessen möchte ich als Bürgerin unverzichtbar für die Politik sein, ich möchte nach meiner Position in grundsätzlichen und schwierigen Entscheidungen gefragt werden. Einen größeren Zusammenhalt können wir gar nicht kreieren, als dass Politik und Bürgerschaft zusammenrücken und an einem Strang ziehen. Denn wer nicht gefragt wird, wendet sich zwangsläufig ab. Und ab hier wird es kompliziert.

Okay, Zeit für ein kurzes Zwischenresümee: Viele Menschen sind also zunehmend unzufrieden, sowohl mit den politischen Prozessen, in die sie zu wenig eingebunden sind, als auch mit den Ergebnissen, in denen sie sich nicht wiederfinden. Aber unzufrieden sind ja beide, die Bürger:innen *und* die Politiker:innen.

Auch sie erreichen viel zu selten das, wofür sie eigentlich kämpften. Auch sie müssen täglich mit Enttäuschungen leben. Und das Schlimmste ist: Sie müssen das wenige Erreichte auch noch als Erfolg verkaufen. All das schürt die Enttäuschungen und das Misstrauen gegenüber der Handlungsfähigkeit der Politik. Deshalb meine gewagte Frage: Ist unser Regierungssystem, so wie es momentan organisiert ist, noch in der Lage, den heutigen Anforderungen zu entsprechen? Und hier möchte ich nicht falsch verstanden werden, denn ich bin eine überzeugte Verfechterin der repräsentativen Demokratie. Nur, warum kann ich als Bürgerin so wenig Einfluss darauf nehmen? Warum werde ich 24 Stunden am Tag in meinem Egoismus angeheizt, alles Mögliche zu konsumieren, zu kaufen, zu verreisen und zu verjubeln? Und hingegen nur alle vier Jahre herangezogen, um für das Ganze mitzubürgen? **Kurzum: In meinem Egoismus als Konsumentin werde ich überfordert, und in meinem Gemeinsinn als Bürgerin unterfordert.**

Was also könnte uns helfen, die Situation zu verbessern? Was könnte uns helfen, die inneren Vorgänge von Parteien besser kennenzulernen? Wie können wir die Arbeit der Menschen in der Politik besser nachvollziehen? Und wie können wir Ideen entwickeln, die das bisherige System verbessern?

Ich nehme euch jetzt mit an die Orte, an denen ich am besten verstanden habe, wofür die einzelnen Parteien und ihre Akteure stehen. Was das Besondere an ihrer Art zu denken und zu handeln ist und wo eventuell Stellschrauben liegen, um das System zu verändern. Also, los geht's!

Die Parteitage

Seit mehreren Jahren besuche ich die Parteitage vieler Parteien. Hier trifft man zwanglos jeden, den man sprechen möchte. Als Vertreterin unserer Organisation gehöre ich zu den geladenen Gästen. Und jedes Mal wenn ich auf einem Parteitag bin, wünsche ich mir, dass die Menschen da draußen das einmal erleben könnten. Denn jede Partei hat nicht nur ihre eigene Farbe, sondern auch ihr ganz eigenes Flair, ihren eigenen Geist, ihre eigene Atmosphäre – eben ihren eigenen Stil.

Es ist der 22. April 2018, genau 13:30 Uhr, und ich stehe an der Garderobe in der Vorhalle des RheinMain CongressCenter in Wiesbaden. Ich gebe meinen Mantel ab und ziehe meine Pumps aus der Handtasche, um sie mit meinen Sneakern zu tauschen. Als ich in den zweiten Schuh schlüpfen will, sehe ich, dass er anders aussieht als der, den ich schon am Fuß habe – na prima, denke ich, da habe ich wohl in den frühen Morgenstunden zwischen dem Befüllen der Brotdosen für die Kinder und dem Packen meiner Sachen, zwei verschiedene Pumps in die Tasche gesteckt. Was nun? Turnschuhe auf einem **SPD**-Parteitag gehen gar nicht. Auch am Fuße bedarf es einer staatstragenden Form, oder ich kann gleich nach Hause fahren. Also ab in den anderen Schuh – egal, merkt schon keiner. Außer mir selbst natürlich, immerhin ist der eine Absatz höher als der andere. Und so stakse ich wie ein Hanghuhn in die große Halle, leicht hinkend, aber mit erhobenem Haupte.

Hier bei der SPD sitzt der Parteivorstand auf einem eigenen, abgesperrten Podium. Man kommt nur hin, wenn man vorn, in den Bereich für speziell geladene Gäste und Ehrengäste darf. Die gute alte SPD hat eine ganze Riege hochgebildeter Persönlichkeiten, die sich als Sprachrohr für die Interessen der ärmeren, schwächeren, lohnabhängigen

Gesellschaftsschichten verstehen. Hier gehört die Sorge um die Benachteiligten der Gesellschaft zum Geschäft und das Jammern und Klagen zum Grundton. Gegen die steigende Armut, für höhere Löhne und mehr Rente. Hier wird aber auch der Kampf um Gerechtigkeit ausgetragen, für eine Krankenkasse für alle und eine Kinderbetreuung quasi ab dem ersten Atemzug. Hier wird darum gerungen, wie viel der Staat für bedürftige Menschen tut oder tun sollte. Hier geht es um soziale Gerechtigkeit, keiner soll zu viel, keiner zu wenig haben. Hier gehört das Einfache und Schlichte genauso zur Kultur wie der Protestantismus. Wenn ich da einen ganzen Tag lang in die Diskussionen der Partei eintauche, kann es schon mal sein, dass mich die Schwermut packt und ich mich dann schwach, verarmt, vereinsamt und als Opfer der Ungerechtigkeit dem Alter entgegenleben sehe. Ursprünglich die Partei der Arbeiterklasse, erlebe ich die SPD heute als eine Partei, die sehr gut Bestehendes verwalten und erhalten kann. Die vor allem versucht, die Errungenschaften des bestehenden Systems zu bewahren und tendenziell mit den Antworten von gestern die Fragen von morgen zu beantworten. Eine Partei, die gerne für die Menschen eintritt, die es selbst aus eigener Kraft nicht schaffen, ihre Verhältnisse zu verbessern. Eine Partei, die nicht den Blick für das soziale Ungleichgewicht von Arm und Reich verliert.

Ganz anders dagegen ist das Lebensgefühl auf einem Parteitag der CSU. Schon der Weg durch die Vorhalle vorbei an den duftenden Ständen mit Brezn und den Ausstellenden von Landmaschinen beeindruckt. Da stehen die größten und modernsten Traktoren, die ich je gesehen habe – der

Stolz eines jeden Landwirts, Ausdruck eines Selbstbewusstseins jener Riege, die uns alle ernährt. Die Menschen hier sind rausgeputzt, vom Gamsbart am Hut über die Tracht am Leib bis hin zum Dirndl. Man trägt leuchtenden Samt und teuren Brokat, gerne auch etwas Fuchs. Hier herrscht Selbstbewusstsein pur: »Mia san mia!«, wie die Bayern sagen, die CSU gibt's ja nur in Bayern. Das ist sozusagen die Hauspartei des Landes, und so wird sie auch gefeiert. Hier lebt der Fortschrittsglaube, das Vertrauen in technische Erfindungen, die die Probleme dann schon lösen werden. Hier fühle ich mich bodenständig, herzlich, reich und sehr satt. Von allem ist genug für jeden da. Es regiert die stolze Zufriedenheit. Probleme scheint es nicht zu geben. Das ist mal was! Parteimitglieder und Gäste sind alle ebenbürtig auf Augenhöhe, und jeder scheint jeden zu kennen. Früher ging es weniger um die Inhalte, die wurden hauptsächlich im Parteivorstand beschlossen und auf dem Parteitag abgenickt. Aber das hat sich geändert, jetzt wird sogar mal stundenlang diskutiert, ob eine paritätische Besetzung wichtiger Ämter eingeführt werden soll oder nicht. Dennoch, hier herrscht das bayerische Lebensgefühl, hier lebt die Heimatverbundenheit, und jeder, der hier ist, gehört einfach dazu. Auch wenn Bayern die Hochburg mit den meisten Bürgerentscheiden in Deutschland ist, kann es passieren, dass der ehemalige Parteichef Erwin Huber, auf Volksentscheide und Bürgerbeteiligung angesprochen, sich mit abfälliger Handbewegung wegdreht und brummt: »A geh, hör mir auf mit dem Schmarrn!«

Ganz anders läuft es bei der **FDP**. Hier geht es lässig, smart und digital zu. IIier sitzen die maßgeschneiderten Anzüge und die farbigen Kleider der Frauen wie eine zweite Haut. Hier finden wir die durchtrainierten, vitalen Gestalten mit den teuren schönen Uhren, die mit den besten Zeugnissen und Prädikatsexamen. Hier besetzen nur die Checker:innen die Führungsplätze. Hier wird nicht gejammert, sondern auch mal verächtlich auf den Rest der Welt geschaut, hier wird der Zeitgeist erfunden und vorangetrieben. Hier weiß man, dass man nie die Mehrheiten um sich scharen wird, nein, stattdessen gehört man zu einer kleinen Elite, die wirklich weiß, wo es langgeht. »Dein Schicksal liegt in deiner Hand, du musst nur clever genug sein und es angehen, dann ist dir der Erfolg sicher!«, könnte der Subtext sein. Hier wird jenen unter die Arme gegriffen, die selbst ihr Leben in die Hand nehmen und sich von allen anderen darin nicht stören lassen wollen. Hier lebt die freiheitliche Gesinnung, die wenig hält von staatlicher Reglementierung. Die FDP ist eine Partei wie ein Start-up, hier kennt man nur den Weg nach oben. Hier trägt mich die Auftriebskraft durch die Halle, ich fühle mich fähig, frei und smart.

Und mit dieser Laune zieht man am besten gleich weiter zu den **Grünen**. Größer kann der Unterschied zwischen zwei Parteien nicht sein. Der ungeschriebene Dresscode reicht hier von »egal« bis »betont unwichtig«. Am besten kommt man in alten Jeans, Turnschuhen und mit dem Sweatshirt (gerne auch die Kapuze auf dem Kopf) – und am besten steht auf dem Oberteil auch gleich noch deine politische Botschaft, ein Slogan wie »Kein Mensch ist illegal«. Die Energie im Saal ist bunt und locker, die Tagesordnung randvoll mit Inhalten. Bei Partei- oder Grundsatzprogrammen ist es normal, dass über 1000 Änderungsanträge vorliegen. Jeder darf zu jedem Inhalt seinen Gegenantrag stellen. Hier wird diskutiert, debattiert, gestritten und argumentiert. Und am Ende wird gefiebert und abgestimmt. Jede Abstimmung zählt, und immer geht es um was. Leben oder Tod. Hier wird die Welt verändert, gerettet und vor dem Aussterben bewahrt. Hier ist nichts Routine und Unmögliches immer möglich. Nur das Spießbürgertum fühlt sich hier nicht wohl.

Bleibt noch die **CDU**, die mich immer am meisten überrascht, weil sie sich so gar nicht gibt, wie man es von ihr erwarten würde. Seit einiger Zeit ist hier alles und jeder vertreten – ob queer, transgender oder cis, ob Jungunternehmerin oder alter Forstwirt, ob schnieke oder leger, ob wasserstoffblond oder dezentes Grau. Alles ist möglich. Barrieren gibt es nicht, selbst die Kanzlerin wirkt hier wie die Frau von nebenan. Hier habe ich Reden gehört, die mich daran erinnert haben, was wir alles können in unserem Land und wie sehr die Menschheit da draußen in der Welt von uns profitiert. Hier strotzt Deutschland vor Selbstbewusstsein, *Made in Germany* ist an Qualität nicht zu überbieten. Egal was wir erfinden, ob Autos, Impfstoffe oder Gesetze – wir haben Potenzial und alle Möglichkeiten, die Welt erblühen zu lassen. Wir sind groß, stark und regeln die Welt.

Was allen Parteitagen gemeinsam ist, sind die Parteitagsreden. Da stehen dann die Vorsitzenden schon mal vor mehr als 1000 Menschen und brüllen in den Saal, was die sowieso schon wissen. Hier geht es nur um eine Botschaft, die man möglichst erfolgreich an die Wählerschaft bringen will:

»Wählt mich, wählt uns, und zwar nur uns, denn wir sind die Besten – dann wird alles gut!« Ich nenne das immer die Egomanie der Parteien. Jede Partei möchte am liebsten ganz allein regieren, um die eigene Programmatik voll durchzusetzen. Jede Partei verkündet ihr Programm, als schaffe die Umsetzung das Paradies auf Erden. Jede Partei weiß es besser als die anderen. Jede ist der anderen Feindin, Konkurrentin und Hindernis. Gefragt und gezweifelt wird in Parteireden übrigens genauso wenig wie einander zugehört: Steht jemand am Pult und referiert, schwatzen alle anderen normal weiter oder gehen sich auch gerne mal einen Kaffee holen. Die Kultur der Unkultur ist hier normal.

Jede Partei sieht sich selbst als Nabel der Welt. Am Ende ist es aber so: Jede Partei spiegelt – in der Theorie – ein bestimmtes Gesellschaftsmilieu wider. Jede Partei spiegelt auch eine Seite in mir wider. Und ganz ehrlich gesagt: Jeder Partei, die die Würde aller Menschen respektiert, kann ich etwas Positives abgewinnen. Jede verkörpert etwas, was auch mir entspricht. Und ja, jede Partei vertritt auch Inhalte, die mir überhaupt nicht entsprechen. Aber alle zusammen geben schon ein umfassendes Bild der Gesellschaft ab. Und je mehr sich die Gesellschaft ausdifferenziert und individueller wird, desto mehr Parteien werden sich gründen. Jede Partei hat ihre ganz eigene Berechtigung. Zusammen sind sie rund. Nur: Zusammen sitzen sie eben nicht am Regierungstisch.

Was läuft bei uns schief, wenn wir zwar die »Besten« ins Parlament wählen und trotzdem mit ihrer Arbeit, ihrem Handeln und dem Output unzufrieden sind? **Was, wenn die Besten nicht automatisch die Richtigen sind?**

Dann stimmt etwas mit der Art und Weise nicht, *wie* sie zusammenarbeiten!

Wir brauchen die Kompetenzen aller, nicht nur die einiger weniger

Wenn wir die Machtausübung nicht mehr nur wenigen überlassen wollen, wie kommen wir dann an die Kompetenz von Gruppen, Teams oder Parlamenten heran? Wie schöpfen wir die Intelligenz einer ganzen Gruppe am besten aus?

Kollektive Intelligenz geht unter anderem davon aus, dass die Gruppe zusammen klüger ist als die klügste Einzelperson, und je unterschiedlicher eine Gruppe zusammengesetzt ist, desto mehr Blickpunkte fließen ein und desto umfassender werden die Antworten sein. Frage: Entsprechen unsere Parlamente, so wie sie heute arbeiten, diesem Konzept? Schöpfen sie ihr volles Potenzial wirklich aus? Hat es nicht fatale Folgen, wenn sich die Parteien immer mehr angleichen, wenn die Schnittmengen immer größer werden, aber die Zusammenarbeit immer schwieriger? Wenn man betrachtet, wer in den Parlamenten sitzt: Sind die Parlamente wirklich gut aufgestellt, wenn sie überwiegend mit älteren, eher gebildeten Männern besetzt sind?

Oder anders gesagt: Auch extrem hochkarätig besetzte Teams können versagen. Die beiden Professoren Anita Woolley und Thomas Malone gingen der Frage nach, ob die Intelligenz von Individuen und Gruppen vergleichbar und somit auch messbar ist:

Die Zusammensetzung einer Gruppe und die Art und Weise ihrer Zusammenarbeit bestimmen ihren Erfolg. Wie die beiden Professoren festgestellt haben, **erhöht sich die Intelligenz einer Gruppe nicht mit der Intelligenz ihrer Mitglieder, sondern mit dem Anteil an Frauen.** »Dies führt unweigerlich zur Frage, ob bis heute der Beitrag intelligenter Personen zum Teamerfolg überbewertet wurde oder ob Frauen tatsächlich den Schlüssel zum Erfolg eines Teams darstellen.« Wie die beiden Professoren aber auch bemerken, ist eine gewisse heterogene Zusammensetzung der Gruppe für den Erfolg eines Teams doch auch ausschlaggebend. Gemischte Gruppen aus Männern und Frauen sind zielführender als reine Frauengruppen. Trotzdem schließen die Autoren aus ihrer Forschungsarbeit, dass insbesondere ein Faktor für die Gruppenleistung ausschlaggebend ist: namentlich die soziale Sensitivität, und diese ist, wie Studien zeigen, bei Frauen ausgeprägter entwickelt als bei Männern.[3]

Ein großer Fortschritt wäre also schon erreicht, wenn wir nicht nur nach den Klügsten in der Politik schielen, sondern auch nach denen mit der größten sozialen Kompetenz. Sie könnten das tatsächliche Potenzial des Parlaments und seiner Untergruppen besser heben.

Wie wäre es, wenn die nächsten Koalitionsverhandlungen von einem externen Moderatorenteam organisiert und begleitet werden würden, das genau darauf fachlich geschult ist, auch die soziale Intelligenz der Verhandlungsgruppe zu wecken, ein starkes Team zu bilden und so das eigentliche Potenzial der Gruppe freizulegen?

Was wäre, wenn sich mal nicht die Lautesten und Mächtigsten durchsetzen, sondern eine teamfähige Gruppe entsteht, die sich gegenseitig vertraut und so die Regierung bildet? Eine Regierung, in der nicht jeder gegen jeden konkurrieren muss. Wo nicht der größte Held oder die größte Heldin vorangeht, sondern alle Helden sind. Die *Justice League* der Politik sozusagen.

Diese Gruppe muss dann natürlich auch von kompetenten Moderierenden unterstützt werden, die beispielsweise darauf achten, dass alle Blickwinkel zu Wort kommen. **Denn die Qualität einer Entscheidung hängt in der Regel von der Qualität des Prozesses ab, der zu der Entscheidung führt.** Das gilt für Koalitionsverhandlungen, Parlamentsdebatten, Bürgerräte, Geschäftsmeetings oder persönliche Lebensfragen. Je umfassender alle Aspekte und Argumente in einem ausreichenden Zeitraum berücksichtigt werden, desto besser. Je breiter die Vielfalt derer, die an der Reifung der Entscheidung beteiligt sind, desto eindeutiger kann am Ende die Entscheidung fallen.

Das heißt, um die Unzufriedenheit mit der Demokratie und der Politik zu beheben, brauchen wir nicht mehr Spezialistentum, um dann in einer Expertokratie zu landen, sondern wir brauchen Strukturen, die die vorhandene Kompetenz in der Politik sinnvoller nutzt.

Wir brauchen Formen, die eine andere Kultur in der Politik ermöglichen. Wir müssen die Abläufe so verändern, dass sie einander nicht behindern, sondern gegenseitig anregen. Dazu müssten wir die Abläufe im Parlament in vielen Bereichen neu strukturieren. Im Zentrum stünden dann nicht mehr die sogenannten »Schaufensterdebatten« im Plenarsaal, die nur den gekonnten Schlagabtausch zelebrieren. Ja, was wäre, wenn die Parlamentsarbeit nicht danach bemessen würde, welche Fraktion sich mit ihren Inhalten am besten gegen die anderen durchsetzt, sondern daran, wie viele gemeinsame und intelligente Lösungen unabhängig von der Fraktionszugehörigkeit erreicht werden? Da die Durchsetzungskraft jeder Fraktion von ihrer Größe und von ihren Wahlergebnissen abhängt, steht auch jede Fraktion ständig unter Druck, gegen die anderen zu punkten. Die Frage ist nur, interessiert es die Wählerschaft wirklich so sehr wie angenommen, welche Partei genau was und wie viel durchsetzt? Zählt am Ende nicht das Gesamtergebnis? Und wäre ich als Wählerin nicht froh, wenn die Themen der anderen Parteien auch einmal aufgegriffen werden?

Nehmen wir mal ein etwas vereinfachtes Beispiel: Der Umgang mit Glyphosat soll geregelt werden. Nach den heutigen Verhältnissen werden sich die beiden Regierungsfraktionen auf eine Lösung einigen. Sie beinhaltet: Die CDU/CSU versucht die Interessen der Agrarindustrie und vielleicht noch die der Chemiekonzerne durchzusetzen, während die SPD ihren Schwerpunkt eher auf die Folgen der Marktpreisgestaltung legt. Wenn beide eine Einigung erzielen, wird das Gesetz beschlossen, im Parlament haben sie ja die Mehrheit. Damit haben die für die Wählerschaft genauso wichtigen Interessen der anderen Parteien keine Chance. Weder die Grünen kriegen ihre Aspekte zum Arten- und Umweltschutz mit eingebracht noch die FDP, die sich vielleicht für die Einführung einer Alternative einsetzt. Wenn also die Opposition grundsätzlich hinten runterfällt, fehlt ein beträchtlicher Anteil des Wissens. Ihr einziger Zweck bleibt dann, die gesamte Wahlperiode über die Regierung zu kritisieren.

Fazit: Konsensbildung und damit die Einbindung aller Aspekte und aller Interessen der Fraktionen im Bundestag sind heute – mit wenigen Ausnahmen – nicht möglich.

Dazu fällt mir noch eine wunderbare Geschichte ein: Unlängst traf ich einen Förster, ein Kerl wie ein Baum. Mindestens anderthalb Köpfe größer als ich, zweimal so breit. Zur Begrüßung reichte er mir seine Pranke, in der meine wie eine Kinderhand verschwand. Auf seine sichtbar frischen Verletzungen im Gesicht und an den Oberarmen angesprochen fing er an mir zu erzählen.

Seit seiner Kindheit habe er es mit Hirschen, und nun hätte er einen bekommen, einen ganz besonders schönen, irgendwo aus dem Osten. Zwei Wochen habe er ihn im Stall in einem Verschlag gehalten, bis ihm seine Enkelin mitteilte, wie zutraulich der Hirsch sei und dass er ihr schon aus der Hand fräße. *Braves Tier,* dachte sich der Förster und kletterte bei nächster Gelegenheit in den Verschlag. Doch kaum hatten seine Füße den mit Stroh bedeckten Boden berührt, nahm der Hirsch auch schon Anlauf und ging mit gesenktem Kopf und prächtigem Geweih direkt auf ihn los. Als der Hirsch ihn rücklings an die hölzerne Wand drängte, blieb dem völlig überraschten Förster nur noch die Möglichkeit, ins Geweih zu greifen. Ein Kampf begann, Mann gegen Tier, beide in Panik, beide in Todesangst. Plötzlich passierte das Unerwartete. Im Bruchteil einer Sekunde entschied der Förster, den Hirsch nicht mehr von sich zu stemmen, sondern ihn an sich heranzuziehen. Über diesen Richtungswechsel war der Hirsch offenbar so perplex, dass er reflexartig ebenfalls die Richtung seiner Bemühungen änderte – und so zog er mit aller Kraft auf einmal zurück. Dadurch entstand in einem klitzekleinen Augenblick ein Raum zwischen den beiden Kontrahenten. Ein Freiraum, ein Zwischenraum, die Lücke zum Überleben, die der Förster nutzte und sich in Sicherheit brachte. Dann wachte er erst wieder im Krankenhaus auf.

Die Geschichte des Försters ist ein Gleichnis für einen Machtkampf und eine mögliche Lösung. Denn was brachte die plötzliche Wendung in der Auseinandersetzung? Der Richtungswechsel! Die Wendung im Konfliktsystem. Denn in jedem Konflikt prallen Welten in Form von Energien aufeinander. **Jeder versucht mit aller Kraft, das sich vor ihm befindende Problem, letztlich den anderen, aus dem Weg zu schaffen.** Der Stärkere gewinnt – so die Regel der Macht. Das kostet Kraft.

In dem Moment aber, wo einer der Kontrahenten unvermittelt seine kämpferische Energie um 180 Grad in die entgegengesetzte Richtung dreht – den anderen also nicht aus dem Weg schafft, sondern umgekehrt Nähe und Vereinigung mit ihm sucht –, kann sich auch für den Konfliktpartner die Situation lösen und ihn geradezu dazu verleiten, selbst die Richtung zu ändern und die Konfrontation zu lösen.

Was das Beispiel zeigt, ist in der Konfliktforschung längst bekannt: Es genügt, wenn einer im Konfliktfall die Initiative zu diesem ungewöhnlichen Schritt der Wendung ergreift. Und noch etwas wurde mir klar, als ich die Geschichte vom Förster und seinem Hirsch hörte: Sie hatten beide gleichermaßen Angst voreinander. Aus der Psychologie wissen wir, dass hinter jeder Aggression in der Regel immer auch eine Angst steckt. Und was bedeutet diese Beobachtung auf das politische Feld übertragen?

KAPITEL 2

Die Gräben werden tiefer

»Nicht jene, die streiten, sind zu fürchten,
sondern jene, die ausweichen.«
MARIE VON EBNER-ESCHENBACH,
SCHRIFTSTELLERIN († 1916)

Ich betrete das Studio und werde abschätzig in Augenschein genommen. Der Radiomoderator mustert mich von oben bis unten, dann fragt er, ob ich eine »Grüne« sei.

Ich schaue ihn leicht verdattert an. Warum fragt er mich das, woran macht er seine Vermutung fest? Ich hatte noch kein Wort gesagt, hatte weder einen handgestrickten Ringelpullover an, noch einen »Atomkraft? Nein danke«-Anstecker am Revers. Was zum Kuckuck ließ mich wie eine Grüne aussehen? Roch ich nach Öko? Kann nicht sein, ich trug eines der ersten Parfüme, die Givenchy je auf den Markt gebracht hat – blumig dezent, ja. Öko? Nein. Aber was war es dann? Trug ich eine typisch grüne Frisur, Nase oder war es der Lippenstift? Egal – die Frage irritierte mich vor allem, weil ich nicht in irgendeine Schublade gesteckt werden wollte. Ich wollte nicht nach Freund oder

Feind, links oder rechts, klug oder dumm, schwarz oder weiß, Mann oder Frau sortiert werden. Ich wollte einfach nur ich sein.

Wie oft passiert uns das? Wie oft betreten wir einen Raum, ein Restaurant, eine Party oder einen Laden und sind mit taxierenden Blicken konfrontiert? Wie oft tariere ich selbst die erste Begegnung mit jemandem so aus? Wie vorurteilsfrei bin ich eigentlich? Und was, wenn ich jemandem begegne, der so ganz anders ist als ich? Wenn sie oder er genau das Gegenteil von mir ist, denkt, fühlt oder tut? Ergreife ich dann die Flucht? Mache ich dann die Schublade »kein weiteres Interesse« auf und packe die Person dort rein?

Die Menschheit in Freunde oder Feinde aufzuteilen hat jedenfalls Hochkonjunktur. Die sozialen Netzwerke unterstützen ihrerseits diesen Trend. In sozialen Medien radikalisieren sich Menschen in extremer Geschwindigkeit. Tauchen sie einmal in die sogenannten Filterblasen ein, kommen sie dort nur schwer wieder raus. Das Internet erleichtert zudem die Vernetzung jeglicher Denkrichtungen. Jemanden als Feind oder Feindin der eigenen Meinung ausfindig zu machen geht schnell, und sich nur in Foren von seinesgleichen aufzuhalten ist ein Leichtes. Der Tonfall wird immer rauer, verletzender und hemmungsloser, vor allem unter dem Schutzmantel der Anonymität. Ob bei Demonstrationen oder im Internet: Wir Menschen stehen uns momentan bei vielen Themen scheinbar unversöhnlich gegenüber. Hinzu kommt die Anfälligkeit für Populismus, Verschwörungstheorien und den Glauben, dass Massenmedien Fake News verbreiten. Der Begriff »Lügenpresse« ist in Deutschland längst in breiten Teilen der Bevölkerung etabliert. Aber egal, ob Freund:in oder Feind:in, rechts oder links, oben oder unten, schwarz oder grün – Spaltungen jeglicher Art bringen uns nicht weiter. Sie bedrohen den Zusammenhalt der Gesellschaft.

Wir brauchen deshalb mehr Konsenstechniken. Wir brauchen Räume und Formate, in denen sich Andersdenkende begegnen, einander zuhören, verstehen und gemeinsam Lösungen für alle finden können. Aber wie können wir diese Brücken bauen und Gräben überwinden? Wie können wir einander in die Augen sehen und zuhören, was der andere denkt?

Wir müssen uns auf die Menschen konzentrieren, auf ihre Bedürfnisse und Würde, auf das Credo: Ich kann die Meinung eines Menschen missbilligen, aber nicht den Menschen selbst. Gerichte können menschenverachtende Aussagen verbieten, nicht jedoch den Menschen selbst. Wie viele Menschen kenne ich eigentlich, die wirklich anderer Meinung sind als ich? Wie viele Freunde habe ich, die genau das Gegenteil für richtig halten? Wie sehr suche ich nur meinesgleichen und die Bestätigung meiner Werte? Und wie oft sage ich in einer Debatte meine Meinung nur, um sie bestätigt zu wissen, anstatt wirklich offen für neue Erkenntnisse zu sein und meine Position mal zu hinterfragen? Wie oft sagen wir: »Interessant, das habe ich nicht gewusst, erzähl mir mehr«, statt nur stur zu kontern?

Und nicht zuletzt die Frage: Wie komme ich aus meiner eigenen Meinungsblase raus und öffne meine Augen für das, was nicht »meins« ist?

Die Sache mit Ost- und Westdeutschland

Vor einiger Zeit saß ich im Auto und fuhr durch Mecklenburg-Vorpommern. Ich wollte nach Anklam, eine Kleinstadt an der Peene, von der es nur noch ein Katzensprung bis nach Usedom ist. Ich folgte einer Einladung, einen Vortrag über direkte Demokratie zu halten. Das Ganze fand im Rahmen eines Demokratie-Förderprogramms statt, das der Bildung von Rechtsradikalismus vorbeugen sollte. Ich fuhr mehrere Stunden über eine menschenleere und top ausgebaute Autobahn, vorbei an brachliegenden, verlassenen Dörfern über flaches Land und endlose Felder. Wer Meck-Pomm kennt, weiß, von welcher dünn besiedelten Weite ich hier spreche.

Während ich so fuhr, dachte ich mir, hier ist doch das ideale Land für großflächige Windparks, denn hier stören sie niemanden. Zudem könnte man die vielen ausgestorbenen Dörfer doch den zu uns strömenden Flüchtlingen zugänglich machen, Platz genug wäre hier. Vielleicht würden sich hier völlig neue Möglichkeiten eröffnen? So kam ich in Anklam an. Ein völlig frustrierter Veranstalter empfing mich, neben ihm ganze zwei Gäste, die meinen Vortrag erwarteten. Jetzt nur nicht enttäuscht sein, sagte ich mir, wenn du schon mal hier bist, machst du das Beste draus. Also setzten wir uns in die einzige Kneipe, die offen war, und begannen das Gespräch. Ich stellte viele Fragen, wollte verstehen, welche Sorgen und Nöte die Menschen hier in der Region umtreiben, und stieß, oh Wunder, auf zwei Reizthemen, die die Bevölkerung zur Weißglut trieben: Windräder und Flüchtlinge!

Wie konnte das sein? Verglichen mit Schleswig-Holstein, woher ich kam, gab es hier deutlich weniger Windräder und Flüchtlinge. Woher also kam diese Aversion, diese Ablehnung? Um ehrlich zu sein, ich habe es bis heute nicht ganz verstanden. Aber ich begriff, dass die wenigen Menschen, die in dieser Region um die Kleinstadt Anklam herum geblieben sind und nicht in den Westen oder in eine wirtschaftlich stärkere Region in Mecklenburg-Vorpommern gezogen sind, verunsichert waren und sich über den Tisch gezogen fühlten.

Und Anklam ist keine Ausnahme. Als die AfD 2017 in Ostdeutschland fast doppelt so viele Stimmen erhielt wie im Westen, fragte man sich auf einmal, was da los sei im Osten. Der Graben, der sich seit der Wiedervereinigung zwischen Menschen aufgetan hatte, die zwar ein Volk sein wollten, aber vielerorts nicht so recht wussten wie, wurde wieder deutlich sichtbar. Und ja, mit dem Fall der Mauer gab es zwar die ersehnte Einigung zweier Gesellschaften, aber im Grunde wurde die eine Gesellschaft von der anderen quasi übernommen. Stabile Arbeitsverhältnisse lösten sich von heute auf morgen auf. Viele, die seit Jahrzehnten bei einer LPG (Landwirtschaftliche Produktionsgenossenschaft) oder in einem der vielen Kombinate, ja selbst als Lehrpersonal an einer der Universitäten einen sicheren Arbeitsplatz, Lohn und vertraute Belegschaften hatten, besaßen auf einmal nichts mehr.

Innerhalb von drei Jahren nach der Wende wurden mehr als eine Million Menschen in Ostdeutschland arbeitslos, und zwischen 1997 und 2006 waren fast 20 Prozent der Ostdeutschen im erwerbsfähigen Alter ohne Arbeit.[4] Alles, was ostdeutsch war, wurde mit der Wende abgeschafft oder von Westdeutschen übernommen. Einstige Vorzeigemetropolen wie Rostock bluteten fast über Nacht aus, die hohe Arbeitslosigkeit vertrieb die Menschen aus ihrer Heimat. Aber es waren nicht nur existenzielle Ängste, die die Menschen plagten: Die eigenen Produkte verschwanden aus den Supermärkten, die ostdeutsche Musik verschwand aus den Radios und die DEFA-Filme verschwanden aus den Kinos. Ostdeutsch zu sein hieß auf einmal, zu einer Minderheit im vereinigten Deutschland zu gehören. Eine Minderheit, deren eigene reichhaltige und vielseitige Geschichte plötzlich lediglich auf die Mauer und die Stasi reduziert wurde. Eine Minderheit, die bis heute im gesamtdeutschen Vergleich weniger verdient, weniger Vermögen besitzt und eine höhere Arbeitslosenquote hat. Zu schnell passierte der Umbruch, zu schnell die Währungsunion, zu schnell verschwand alles, was den Menschen lieb und teuer und vor allem sicher gewesen war. Zu groß waren auch die Hoffnungen und Versprechungen von blühenden Landschaften und einem einig Vaterland. Die Mauer fiel, die beiden Völker sollten vereint werden, aber stattdessen entstand ein Land mit zwei Kulturen, die einander fremd waren und es zum Teil bis heute sind.

Der Aufbau Ost beschränkte sich oft genug auf teure, breite sechsspurige Autobahnen. Die Infrastruktur zu erneuern war hilfreich und notwendig, aber war das ausreichend? Gab es im Westen wirklich den Wunsch und den Willen, auf die Bedürfnisse der Menschen im Osten einzugehen? Oder wurden sie meist einfach übergangen? Und jetzt auch noch die Windkrafträder, die die Heimat verschandelten und Geld in fremde Taschen trugen, plus die Flüchtlinge. Schon

Anfang der Neunzigerjahre hatte sich gezeigt, welchen Anfeindungen Menschen mit Migrationshintergrund und Geflüchtete in unserem Land ausgesetzt sind. Die Anschläge in Rostock-Lichtenhagen und Hoyerswerda waren damals nicht die einzigen fremdenfeindlichen Ausschreitungen in Deutschland.

Auch in den alten Bundesländern kam es zu vielen rassistisch motivierten Gewalttaten, aber die Selbstverständlichkeit, mit der sich Skinheads, Neonazis, NPD- und DVU-Leute in manchen Gegenden Ostdeutschlands bewegten und festsetzten, ist bedrohlich und durch nichts zu rechtfertigen. Und führt bis heute dazu, dass sich weniger Menschen mit Migrationshintergrund in den neuen Bundesländern niederlassen. Die Gründe für den Fremdenhass sind komplex. Wenn das ganze System, in dem man einst gelebt hat, zusammenbricht, wirkt fast alles Fremde bedrohlich. Ganz davon abgesehen, dass die DDR eine völlig andere »Ausländerpolitik« als die BRD hatte: In der DDR wurden zwar Menschen aus Ländern wie Angola, Vietnam oder dem Jemen ausgebildet und als Vertragsarbeiter:innen angestellt, aber ihre Integration in die Gesellschaft war niemals vorgesehen. So etwas wie Familiennachzug gab es nicht. Lief die Vertragszeit ab oder war das Studium beendet, mussten die Menschen wieder in ihre Heimatländer.

Nach der Wende wurden die Ostdeutschen dann mit der westdeutschen »Ausländerpolitik« und der Politik der »Gastarbeiter:innen«, die schon lange keine »Gäste« mehr waren, konfrontiert. Vor dem Hintergrund, dass viele Ostdeutsche sich selbst als Minderheit und abgehängt empfanden, brach dann so manches Mal eine fremdenfeindliche, zutiefst rassistische Stimmung aus. Der Westen reagierte empört im Glauben, alles nur Erdenkliche für den Osten getan zu haben. Es wollte einfach nicht zusammenwachsen, was doch zusammengehörte. Aber erst als dieser Graben entlang der ehemaligen innerdeutschen Grenze nicht mehr ignoriert werden konnte, fragte man sich auch in Westdeutschland ernsthaft: Was ist da eigentlich schiefgelaufen bei der Wiedervereinigung?

In Anklam verstand ich, wie tief Frust, Enttäuschung und Wut sitzen. Und wie übergangen, nicht gefragt und nicht gehört sich viele Ossis fühlten. Einerseits verstand ich, andererseits fehlte mir für einiges auch das Verständnis. Für mich Wessi war dies einer meiner beeindruckendsten Abende – eine Lehrstunde in deutscher Geschichte. Und auch eine schmerzliche Erinnerung an eigenes Versagen. Denn 1989 gehörte auch ich jener Bewegung an, die nach dem Mauerfall gegen zu vorschnelles Handeln protestierte. Ich gehörte zu denjenigen, die das geteilte Land einen wollten, indem beide Bevölkerungsgruppen das Beste aus ihren jeweiligen Erfahrungen zusammenpacken und in eine gemeinsame neue Verfassung schreiben sollten, über deren Inkrafttreten dann alle in einer Volksabstimmung entscheiden sollten.

Bis heute glaube ich, dass das der erfolgreichere Weg einer Wiedervereinigung gewesen wäre. Das gemeinsame Zusammentragen und Bestimmen der zukünftigen Spielregeln hätte uns die Chance gegeben, tatsächlich zusammenzuwachsen. Das wäre nach der friedlichen Revolution eine weitere Sternstunde unserer Geschichte gewesen. Und wir hätten ein gemeinsames Deutschland bilden können, das die Essenz zweier Systeme atmet. Doch unsere Bewegung war damals zu schwach oder der Gegenwind zu stark. Vielleicht war die Westmark zu verlockend, wie auch immer. Die zweite Sternstunde blieb aus.

Wie vertiefen wir die Gräben nicht noch?

Die Gräben, die wir in unserem Land, ja in der gesamten westlichen Welt erleben, durchziehen mittlerweile unsere ganze Gesellschaft: Du bist jung, du bist alt, du bist weiß, du bist schwarz, männlich, weiblich, oben, unten, reich, arm, gemäßigt, radikal, privilegiert, benachteiligt. Gegensätze werden immer schärfer gezeichnet und in den Vordergrund gerückt. Mir ist früher nie so oft aufgefallen wie heute, ob jemand männlich oder weiblich, weiß oder schwarz, alt oder jung ist. Rücksicht heißt das neue Gebot, es gilt immer darauf zu achten, dass niemand benachteiligt wird. Aber wie begegnen wir der Gefahr, dass wir die Erfahrungen einiger Menschen höher und anderer niedriger bewerten? Es ist richtig, dass wir endlich Interessen von Minderheiten und Nichtrepräsentierten miteinbeziehen müssen, aber deswegen müssen wir den Rest der Welt nicht in den Schatten stellen. Die einen aufwerten und die anderen abwerten, das ist nicht Gleichberechtigung. Der Grat, wie wir die einen besser einbeziehen, ohne die anderen auszuschließen, ist schmal. Und manchmal landet man selbst mitten in so einem Konflikt und ist plötzlich ratlos.

Letztes Jahr wurde ich für den »25 Frauen Award« des Magazins *Edition F* nominiert. Mit mir 50 starke Frauen, die alle Tolles leisten und hervorragende Projekte ins Leben rufen. Kurz vor der Preisverleihung wurde die Veranstaltung abgesagt. Was war passiert? Sieben schwarze Fraue hatten sich kurzerhand von ihrer Nominierung beim 25 Frauen Award zurückgezogen.[5] Sie begründeten diesen Rückzug damit, dass sie selbst mit ihrer vergleichsweise helleren Haut nur einen bestimmten Teil der schwarzen Community repräsentieren würden. Die Auswahl der Frauen sei, so die Anklage, von Colorism* geprägt. Wichtig: Es waren eine ganze Menge Frauen aus der BIPoC-Gemeinschaft – BIPoC steht für Black, Indigenous and People of Color – nominiert, aber, so die Kritik, zu wenige, deren Hautfarbe dunkel genug war. Als ich davon hörte, war ich erst mal platt. Ich war weniger meinetwegen irritiert über diesen Vorgang, als dass mir die vielen Kolleginnen leidtaten, für die es die erste Auszeichnung solcherart gewesen wäre. Die Chance für sie, Unterstützung für ihre wichtige Arbeit zu erhalten, war hin. Wem war mit der Absage also gedient? Den Frauen? Nein, den einen wie den anderen nicht. Kurzzeitig dachte ich, ich müsste mich einschalten in die Debatte. Dann dachte ich, vergiss es, das geht nur schief. Zu aufgeladen, zu emotional, und als weiße Frau kann ich heute die Diskussion um Colorism gar nicht mehr führen.

Eine falsche Äußerung, ein falscher Gedanke, und schon

---

* Laut der National Conference for Community and Justice bezeichnet Colorism die Bevorzugung von Menschen mit helleren Hauttönen im Gegensatz zu solchen mit dunkleren Hauttönen. Diese Diskriminierung kann also auch innerhalb der schwarzen Community stattfinden, wird aber, so der Vorwurf im Fall des 25 Frauen Awards, von Weißen instrumentalisiert, weil man den vielfältigen Perspektiven und unterschiedlichen Betroffenheiten von Rassismus und Colorism zu wenig Platz einräume.

hast du unter Umständen eine Linie überschritten, ohne dass du es überhaupt bemerkt hast. Du wolltest Frieden stiften und steckst dann mitten im Shitstorm. Wir führen hier historisch völlig verständliche Machtkämpfe und vergessen dabei manchmal, dass wir alle Angehörige einer Menschheit sind.

In Fällen von Diskriminierung und Rassismus ist es natürlich keine Frage, dass wir mehr, viel diverseren Stimmen endlich einen Platz auf der Bühne bieten müssen. Dass wir diese Stimmen, die in der Vergangenheit zu kurz gekommen sind, hören müssen. Dass wir nicht davon ausgehen dürfen zu wissen, was diskriminierte Menschen erfahren und empfinden (weswegen es ja eben so wichtig ist, dass sie selbst davon berichten können). Und es ist auch keine Frage, dass wir unsere Sprache differenzieren sollten, um Traumata und Stereotype nicht weiter zu vertiefen. Dass wir mit Bedacht agieren und diskutieren müssen, damit am Ende eben nicht, wie beispielsweise beim WDR in der Talkshow *Die letzte Instanz* geschehen, fünf weiße Menschen über einen Rassismus diskutieren und urteilen, den sie ganz sicher niemals am eigenen Leib erlebt haben.

Dass wir unterschiedlicher Meinung sein können, ist das Privileg unserer freien Gesellschaft.

Es gibt einen Schmerzpunkt, den wir gesellschaftlich aushalten müssen: Ich bin nicht du!

Ich hatte mal einen Kollegen, der prinzipiell in Gesprächen die Gegenposition vertreten hat, auch gegen seine eigenen Überzeugungen. Irgendwann habe ich ihn gefragt, warum er das macht. Und er erwiderte mir, dass er das einfach so mache, weil er es nicht aushalte, dass immer nur eine Sichtweise herrsche. Einigkeit wäre nicht sein Ziel, stattdessen interessiere ihn die Auseinandersetzung mit verschiedenen Argumenten. Wir haben dann abwechselnd die Rollen getauscht und unsere Argumente geschärft. Mal war er der Befürworter und ich die Gegnerin von Volksabstimmungen, mal umgekehrt, eine spaßige Angelegenheit und geistige Übung. Allein in die Rolle des anderen zu schlüpfen öffnet neue Sichtweisen. Aber geht das heute noch? Wenn ich mich heutzutage beim Gläschen Wein in der falschen Runde für oder gegen etwas ausspreche, kann das mächtig schieflaufen. Dann laufe ich Gefahr, ordentlich gedisst zu werden, wie meine Kinder sagen würden. Das Wort »dissen« stammt sicher nicht umsonst aus dem Jugendjargon, schließlich kommen Mobbing und Ausgrenzung in Klassenzimmern besonders stark vor. Aber Mobbing und Gruppendruck sind nicht nur Phänomene auf dem Schulhof, es gibt sie auch im Job oder in der Politik. Noch nie war es so gefährlich für einen Politiker oder eine Politikerin, auch nur ein falsches Wort zu sagen. Ich habe oft erlebt, wie aus einer Mücke ein Elefant wird.

Auf einem meiner Parteitagsbesuche hörte ich im Dezember 2017 die Rede von Andrea Nahles. Die SPD hatte sich gerade für ergebnisoffene Gespräche mit der CDU und CSU für eine erneute GroKo ausgesprochen. In ihrer langen und differenzierten Rede äußerte Andrea Nahles viele Gedanken und Aspekte, von denen sie den Erfolg dieser Regierungsverhandlungen abhängig machte. Dann kam die Passage, in der sie schadenfroh der CDU/CSU gegenüber wurde, weil diese nun doch wieder bei der SPD anklopfen musste und die SPD sich das jetzt was kosten lassen wollte. Andrea Nahles schickte ihnen ein kindlich-freches »Bätschi!« in den Saal. Das war das Unwort! Darauf wurde die Aussage ihrer Rede reduziert. Ich las parallel dazu auf meinem Handy, was die Journalisten hinter mir im Saal in die Tasten hauten und online stellten, und fragte mich, ob wir auf derselben Veranstaltung waren und die gleiche Rede gehört hatten. Unbedachte Aussagen wie dieses »Bätschi« hingen Andrea Nahles bis zu ihrem Rücktritt im Juni 2019 nach. Leider. Die Kultur des frei gesprochenen Worts und der freien Gedankenäußerung droht verloren zu gehen. Nur noch hinter verschlossenen Türen mit vorgehaltener Hand zu sprechen ist aber keine Lösung. »Ich bin zwar nicht deiner Meinung, aber ich setze mein Leben dafür ein, dass du sie sagen darfst.« Dieser berühmte Satz von Voltaire differenziert sehr gut, was zur Achtung der Menschenwürde und was zur freien Meinungsäußerung gehört. Ich darf Meinungen und Positionen verachten, nie aber den Menschen.

Die Konfliktspirale

Die Probleme der Verrohung im zwischenmenschlichen Umgang, die unsäglichen Äußerungen im Netz, der Hass, die Angriffe und entwürdigenden Diffamierungen aller Art nehmen zu. Auf der anderen Seite die Medien, die immer mehr auf hohe Klickzahlen angewiesen sind und deshalb zum Teil immer polarisierender schreiben müssen. Keine Frage, Meinungsäußerungen, die den verfassungsrechtlichen

Boden verlassen, müssen geahndet werden. Aber einfach nur auf Hass mit Hass zu reagieren, wird das Problem nicht lösen. Diese Unfähigkeit ist der Beginn der klassischen Konfliktspirale, und Konflikte beginnen dann nach den immer gleichen Verhaltensmustern. Egal ob auf dem Spielplatz, bei der Arbeit oder im Nahen Osten. Der Konfliktforscher Friedrich Glasl beschreibt sehr gut, wie die Konfliktspirale in neun Stufen abwärtsführt.[6]

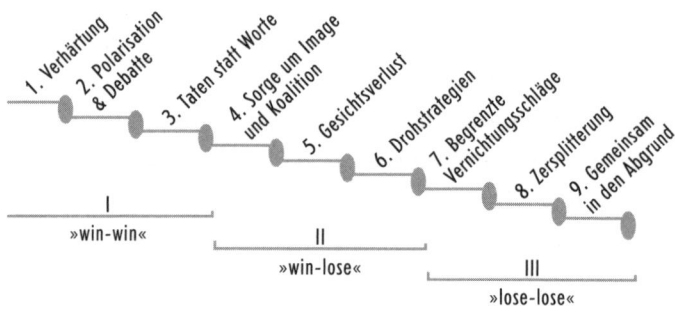

1. **Verhärtung:** Konflikte beginnen mit Spannungen, gelegentliches Aufeinanderprallen von Meinungen. Noch gehen die Konfliktpartner:innen davon aus, dass die Spannungen durch Gespräche lösbar sind.
2. **Debatte:** Polarisierung führt zu einfachem Schwarz-Weiß-Denken. Haltungen von Über- und Unterlegenheit kommen zum Ausdruck.
3. **Taten statt Worte:** Reden hilft nicht mehr, und man schafft vollendete Tatsachen. Empathie geht verloren, die Gefahr von Fehlinterpretationen wächst.
4. **Koalitionen, Images:** Die Konfliktpartner:innen bangen um ihr Image, Gerüchte werden geschürt, Stereotype verwendet. Die Konfliktpartner:innen werben um Anhänger:innen ihrer Position (Lagerbildung) und bringen sich im Kampf in Stellung.
5. **Gesichtsverlust:** Gegenseitiger Angriff, der auf den Gesichtsverlust des Gegners oder der Gegnerin abzielt. Es kommt zu öffentlichen und direkten Angriffen.
6. **Drohstrategien:** Androhungen verfestigen sich. Ultimaten beschleunigen die Verhärtungen und Konflikteskalation.

7. **Begrenzte Vernichtungsschläge:** Vernichtungsschläge werden als »gerechtfertigter« Gegenschlag durchgeführt.

8. **Zersplitterung:** Die Zerstörung und Auflösung des feindlichen Systems wird als Ziel intensiv verfolgt.

9. **Gemeinsam in den Abgrund:** Totale Konfrontation, koste es, was es wolle. Die Vernichtung des Gegners oder der Gegnerin zum Preis der Selbstvernichtung wird in Kauf genommen.

Wir kennen alle diese Abwärtsspirale auf die eine oder andere Art, auch wenn natürlich nicht jeder Konflikt bis ganz nach unten abdriftet. Wer eine handfeste Familientrennung hinter sich hat, kennt die sich immer tiefer fräsenden Konfliktmuster genauso wie jene, die sich mit ihrem Arbeitgeber vor Gericht streiten. Das Muster findet sich aber auch in internationalen Konflikten wieder. Friedrich Glasl, der auch international als Berater und Mediator tätig ist, macht aber eine bemerkenswerte Aussage: Er sagt, dass es immer (!) und auf jeder Stufe noch eine Exit-Möglichkeit gibt. Hier erinnern wir uns wieder an die Anekdote mit dem Förster und dem Hirschen. Zum Krieg braucht es immer zwei, die Wendung des Kampfes kann einer der Konfliktpartner:innen herbeiführen.

Glasl weist aber auch darauf hin, dass es in den oberen drei Stufen noch möglich ist, alleine den Ausweg zu finden. Auf den tieferen Ebenen ist das ohne externe Hilfe nicht mehr möglich. Hier muss auf kompetente Begleitung gesetzt werden. Aber wie oft werden Konfliktprofis tatsächlich eingebunden, wenn es darauf ankommt? Gerade in der Politik? Wäre es klug gewesen, die Jamaika-Koalitionsverhandlungen 2017 auch von Konfliktmediatoren begleiten zu lassen?

Was der Mensch braucht

In Anlehnung an die Forschungen der seelischen Gesundheitsforschung und der Psychoneuroimmunologie, die untersucht, welche psychischen Faktoren die Gesundheit der Menschen fördert, gibt es eine interessante These unter Ärzten: Neben Nahrung und Wasser braucht jeder Mensch zur Erhaltung seiner psychischen Gesundheit zwei Dinge: Erstens sollte jeder Mensch jeden Tag einmal gesehen und wahrgenommen werden, und zweitens sollte jeder Mensch jeden Tag einmal etwas gestalten und verändern können.

Wann fühlte ich mich denn das letzte Mal gesehen oder wahrgenommen? Gestern beim Meeting, vor ein paar Tagen in der U-Bahn oder letzte Woche von meiner Freundin? Und wann habe ich das letzte Mal jemanden bewusst gesehen und bemerkt, wie er aussieht oder wie es ihr geht? Wann habe ich das letzte Mal bei einem Freund etwas entdeckt, was ich vorher noch nie bemerkt habe? Wann habe ich das letzte Mal eine Kollegin für ihren klugen Einwurf in einem Gespräch bewundert? Und: Wann habe ich das letzte Mal auf etwas Einfluss genommen, etwas gestaltet oder verändert? Egal, ob die eigene Frisur, das Haus, den Arbeitsplatz oder unser Zusammenleben? Wann habe ich erfolgreich meinen Schreibtisch aufgeräumt, ein besonderes Essen gekocht, mit Kollegen ein neues Projekt ausgeheckt, ein Fest ausgerichtet oder gar eine Initiative gegründet?

Beide Grundbedürfnisse kennen wir aus dem Alltag zur Genüge, und da, wo sie nicht befriedigt werden, kommt es zu Spannungen und Konflikten. Ja, es ist unser menschliches Bedürfnis, dass wir nicht übersehen und auch nicht übergangen werden wollen. Wenn wir in der Partnerschaft oder Familie zu wenig gesehen und in unseren Handlungsimpulsen zu oft übergangen werden, steigen wir aus. Wenn wir im Job ewig untergehen und das, was wir gestalten wollen, beiseitegewischt wird, wenn wir nur Befehlsempfänger:innen sind, droht der Burnout oder die Kündigung. Und wenn der Staat macht, was er will, uns weder hört noch sieht und Mitbestimmung verhindert wird, gehen wir auf die Barrikaden. Wir machen uns bemerkbar, die einen resignieren, andere werden renitenter. Wann immer die Menschen auf die Straßen gehen und demonstrieren, steht dahinter ein: »Wir werden nicht gesehen, wir werden nicht berücksichtigt, wir werden mit unserem Gestaltungsanspruch nicht einbezogen.« Wann immer sich Menschen von etablierten Parteien abwenden und gar nicht mehr wählen gehen, ist die Frustration im Hintergrund bereits zu hoch. Das unbefriedigte Verlangen drängt sich in den Vordergrund oder auf die Straße, und zwar unabhängig davon, ob die Menschen nun gegen Freihandelsabkommen, Flüchtlingsaufnahme oder Lockdown demonstrieren. Jede aufgebrachte Menschenmenge signalisiert: Hier stimmt was nicht! Hier stehen die einen, da drüben stehen die anderen.

Wie aber kann man diese Konflikte bewältigen? Nehmen wir mal ein Beispiel aus dem Familienleben: Wenn die Eltern die Regeln für die Handynutzung ohne weitere Diskussion verschärfen, gibt es lauten Protest aus den Kinderzimmern. Wenn die ganze Familie zu einem Familienrat zusammenkommt und jeder in der Runde einmal unkommentiert erzählen darf, welche Veränderungen er oder sie an dem anderen aufgrund der intensiven Smartphone-Nutzung bemerkt, sieht das Gespräch schon ganz anders aus. Wenn bei vier Familienmitgliedern jedes von drei Seiten etwas über seinen eigenen Umgang mit dem Smartphone gespiegelt bekommen hat, befinden sich alle in derselben Situation. Jetzt können alle gemeinsam neue Handyregeln vorschlagen – und erfahrungsgemäß stellen die Kinder die härtesten Regeln auf! Aus der umfangreichen Sammlung, an deren Erstellung alle gemeinsam beteiligt waren, lassen sich dann schnell die fünf besten Regeln finden, mit denen alle vier Familienmitglieder einverstanden sind. Am Ende wird nur noch vereinbart, wie lange die Regeln gelten, wann sie überprüft werden sollen und wer die Kontrolle über die Einhaltung der Regeln hat beziehungsweise welche Sanktionsvereinbarungen es im Falle der Nichteinhaltung gibt. So weit das kleine Einmaleins der modernen Gesetzgebung in der familiären Gewaltenteilung.

Im Politischen ist der Weg dahin nicht ganz so einfach – aber möglich.

Dass in einer Demokratie die Unzufriedenen auf sich aufmerksam machen und nicht die Zufriedenen, ist nicht neu und Ausdruck von Freiheit und Demokratie. Je nach Thema sind es mal mehr, mal weniger, mal die einen, mal die anderen, die sich nicht gesehen und in Entscheidungen einbezogen fühlen. Mal sind es die Atomkraftgegner:innen, mal die Eurokritiker:innen, die TTIP-Gegner:innen oder die Jugend von Friday for Future. Wer unzufrieden ist mit der

Politik, darf auf die Straße gehen und demonstrieren. Das ist unser aller Recht, welches im Grundgesetz verankert ist. Der politische Anstoß mündet dann vielleicht in die Gründung einer Organisation für dieses oder jenes Anliegen. Oft bildet sich zu dem jeweiligen Thema ein Verein oder ein Verband, dessen Aufgabe es ist, den Willen »von der Straße« sachlich aufzubereiten und zu formulieren, was genau geändert werden soll. Solche Nichtregierungsorganisationen (NGOs) sind eine wesentliche Säule in der Demokratie. Ohne die Arbeit von zig Vereinen wie Menschenrechtsorganisationen, Naturschutzverbänden, Arbeitnehmer- und Arbeitgeberverbänden, Tierschutz- oder Kirchenverbänden wäre es für die Menschen sehr schwer, ihre Interessen zu bündeln und dafür Gehör zu finden. Während Demonstrationen meistens den emotionalen Ausdruck der Willensbekundung der Bevölkerung auf die Straße tragen, arbeiten Fachverbände die Ziele und Forderungen sachlich vor und konfrontieren in Kampagnen die Politik damit.

Ich habe mal in einem längeren Gesprächstermin einen CDU-Abgeordneten gefragt, wann er auf die Unzufriedenheit aus der Bevölkerung reagieren und ein Anliegen aufgreifen würde. Die Antwort: Er würde sich eines Themas erst annehmen, wenn drei Dinge zusammenkommen: Erstens, wenn er von mehreren Menschen in seinem Wahlkreis auf dieselbe Sache angesprochen wird. Zweitens, wenn er dazu verschiedene Briefe aus der Bevölkerung erhielte, und drittens, wenn das Anliegen die Menschen auf die Straßen treibt. Ähnlich wäre die Antwort einer Mutter auf die Frage gewesen, ab wann sie auf das Nörgeln ihres Kindes reagiert: dann, wenn das Nörgeln unüberhörbar wird.

Was passiert aber, wenn das Unüberhörbare kontinuierlich überhört wird? Dann wird's eng. Dann hängt es nur von der Frustrationstoleranz und der Zeit ab, bis der Kragen platzt. Wer menschliche Zustände gut kennt und einordnen kann, ist geeignet für die Politik. Die besten Politikmacher:innen werden in einer idealen Welt jene sein, die sich in die Lage eines anderen hineinversetzen können. Ein Regierungschef, der mit Kanonen auf seine unzufriedene Bevölkerung schießt, hat sie nicht verstanden. Jeder unzufriedene Mensch braucht einen Empfänger, der ihm irgendwann mal zuhört. Ein großes Problem für die Demokratie ist der Nichtkontakt, das Übergehen und Ignorieren. Je mehr Menschen ungehört bleiben, desto größer ist die Gefahr, dass sie rebellieren oder sich radikalisieren. Einer kriselnden Demokratie mangelt es meist auch an Hör- und Resonanzräumen.

Das Volksbegehren als eine Möglichkeit, die Stimme zu erheben

Weil viele meiner Mitstreitenden und ich nicht hinnehmen wollten, wie Störfaktoren in der Politik beiseitegeschoben zu werden, wurden wir aktiv und setzten uns für direkte Abstimmungsmöglichkeiten ein. Immerhin, die Möglichkeit in allen Gemeinden einen Bürgerentscheid und in allen Bundesländern mit Volksbegehren einen Volksentscheid herbeiführen zu können, entspannt hier die Lage schon mal etwas. Jeder und jede von uns kann rechtlich eine Volksinitiative für ein Volksbegehren starten. Was wohl kaum jemand weiß, ist, dass uns dafür die kostenlose öffentliche Beratung in den Innenministerien zur Verfügung steht. Wir müssen unser Anliegen allerdings in eine sachliche Fragestellung und meist gesetzliche Forderung formulieren und öffentlich anmelden. Zumindest einige sehr emotional geführte Debatten finden so ihr Ventil und münden in eine sachlich geführte Auseinandersetzung, an deren Ende schließlich eine klare, von allen gemeinsam gefällte Entscheidung steht. Einzige Einschränkung: Das Anliegen muss mit der jeweiligen Landesverfassung übereinstimmen. So wurden in Deutschland immerhin schon über 352 Volksinitiativen auf den Weg gebracht. Mal ging es um das Artensterben oder den Nichtraucherschutz, mal um den Rückkauf der Energienetze, mal um das Einschränken der Massentierhaltung oder um die Umgestaltung einer Großstadt zugunsten der Radfahrer:innen.

Nicht alle Begehren müssen in einem Volksentscheid münden, sondern enden bereits im Vorfeld durch einen gemeinsam herbeigeführten Kompromiss mit der Politik. Um weitere Polarisierungen zu vermeiden, ist das oft sogar die bessere Lösung. Denn man hat sich dann in der Regel geeinigt, Konfrontationen ausgeräumt und Gräben geschlossen. Politik und Initiative haben sich an einen Tisch gesetzt, einander zugehört, Argumente ausgetauscht und voneinander gelernt. Ich selber habe bisher fünf solcher Volksinitiativen initiiert. Drei davon waren erfolgreich, bevor sie überhaupt zur Abstimmung kamen, weil die Politik auf uns zukam und wir uns gemeinsam auf einen Kompromiss einigten, den die Politik dann umsetzte. Der mindestens so große Erfolg war aber das Vertrauen, das zwischen der Politik und unseren Initiativen entstand. Bis heute begegnen wir einander mit

Respekt und Anerkennung. Wir haben einander zugehört, argumentiert, verstanden und Lösungen miteinander ausgehandelt. Wir haben kooperiert. Wir haben einander vertraut!

Und wer jetzt fürchtet, dass Extremisten dieses Mittel instrumentalisieren könnten, dem möchte ich Folgendes sagen: Ja, auch die Unzufriedenen an den rechten äußeren Rändern der Gesellschaft haben es mit Volksinitiativen versucht, von insgesamt 383 Volksinitiativen fallen allerdings nur zwölf darunter, allesamt erfolglos. Entweder waren sie inhaltlich nicht zulässig oder erhielten nicht genügend Unterschriften.

Hätten wir auch auf Bundesebene die Möglichkeit Volksbegehren zu initiieren, müssten die Populisten auch hier ihre Anliegen konkret darstellen. Sie wären gezwungen, ihre emotionalisierten Absichten in verfassungskonforme Gesetzesentwürfe zu gießen, die einer Grundgesetzüberprüfung standhalten. Viele Forderungen der AfD sähen hierbei sehr alt aus, wären sie doch auf diesem Wege als chancenlos entlarvt. Vermutlich hätten sich damit viele Debatten und umstrittene Forderungen erledigt.

Meiner Meinung nach hätte sich die AfD gar nicht gegründet, wenn es die Möglichkeit von Volksbegehren auf Bundesebene gegeben hätte. Parteigründer Lucke hätte damals vermutlich ein Volksbegehren gegen die Einführung des Europäischen Stabilitätsmechanismus – einen Teil des Euro-Rettungsschirms – gestartet und die Gründung einer Partei gar nicht als »notwendig« erachtet. Da wir aber solche Verfahren auf Bundesebene nicht haben, haben sich vor allem die Emotionalisierten und Unzufriedenen zur Parteigründung entschlossen. Unzufriedene Wähler:innen nutzten die neue populistische Partei, um der Regierung eins auszuwischen. Viele Protestwähler:innen, die die Inhalte der Partei gar nicht teilen, haben zum Erfolg der Partei beigetragen und sie 2017 in den Bundestag gewählt. Aber mit der AfD zogen nicht nur unzufriedene, aber noch konstruktiv-demokratische Kräfte in den Bundestag ein, sondern auch Menschen mit verächtlichen Absichten, die die gesamte Legislatur dazu nutzen, um den Betrieb Bundestag zu unterlaufen, auszuhöhlen und zu stören. Der Respekt unter den Abgeordneten ist seitdem erheblich aus dem Gleichgewicht geraten. Gemeinsame Fahrstuhlfahrten mit den »falschen« Menschen werden ebenso gemieden wie die gemeinsame politische Arbeit. Die Distanz zueinander wird öffentlich zur Schau gestellt, wo immer es möglich ist. Demokratische Strukturen werden immer wieder missbraucht, um Demokratie selbst anzugreifen oder zu missachten.

Inzwischen sind die politischen Gräben so tief geworden, dass selbst das Brückenbauen fast unmöglich geworden ist. All das konnte über Jahre vor allem durch die wachsende Unzufriedenheit und einen kontinuierlichen Mangel an Bürgerbeteiligung und direkter Demokratie anschwellen. Dabei kann man Populismus sehr früh erkennen. Im Lexikon der Politik der Bundeszentrale für politische Bildung ist er folgendermaßen definiert: »Populismus bezeichnet eine Politik, die sich volksnah gibt, die Emotionen, Vorurteile und Ängste der Bevölkerung für eigene Zwecke nutzt und vermeintlich einfache und klare Lösungen für politische Probleme anbietet.«

Charakteristisch für Populismus aller Art ist die Ablehnung von Eliten und Institutionen und die Polarisierung und Vereinfachung der Themen. Populisten glauben an den »einheitlichen Volkswillen« und sehen sich als »Sprachrohr« einer »schweigenden Mehrheit«. Populismus ist anfällig für starke Führungspersönlichkeiten, die meist mit einfachen Lösungen und Parolen versuchen, die Menschen für sich zu gewinnen. Populisten scheuen die sachlich-inhaltliche Auseinandersetzung. Sie nutzen weniger die inhaltliche Argumentation als das Schüren und Instrumentalisieren von Emotionen. Die Logik des Populismus ist dabei sehr einfach: Greife die Ängste der Menschen auf, konfrontiere die Menschen mit einer extremen Bedrohungslage und zeige ihnen mit einer einfachen Lösung einen Ausweg auf – dann werden sie dir folgen. Grenze dann alle aus, die dir nicht folgen, und erkläre sie zu Feinden.

Diese Prinzipien funktionieren überall ähnlich. Donald Trump in den USA beherrschte sie genauso wie Victor Orbán in Ungarn oder Jair Bolsonaro in Brasilien es derzeit noch tun. Es soll nun aber keiner glauben, er selbst sei gefeit vor Populismus. Sicher vor Populismus sind wir nur, wenn wir unsere Ängste kennen, sie zulassen, artikulieren und bewusst mit ihnen umgehen können. Erst dann erkennen wir, wenn andere versuchen, sie zu instrumentalisieren.

Die Angst als treibende Kraft

Wie sehr bei alldem unsere Ängste eine Rolle spielen, ist uns nur wenig bewusst. Viel von dem, was wir fordern oder tun, folgt unseren Ängsten. Wie oft beherrscht uns die Furcht, sodass unser Blick verstellt und eingeengt ist und wir heftiger reagieren als gewöhnlich? Von Entscheidungen politischer Tragweite erwarte ich, dass sie möglichst sachlich, nüchtern und umfassend getroffen werden. Das setzt aber voraus, dass wir ein Bewusstsein dafür haben, ob wir jetzt unseren persönlichen oder kollektiven Ängsten folgen oder mit unverstelltem Blick besonnen und vorausschauend die Dinge beurteilen und entscheiden. Wenn wir mit gesellschaftlichen Spannungen umgehen wollen, müssen wir sowohl die tiefer liegenden Ängste berücksichtigen als auch besonnen den sachlich berechtigten Inhalt erkennen. Und wir müssen das eine vom anderen unterscheiden können.

Der Brexit macht deutlich, was passiert, wenn alles zusammenkommt: Die Angst des Premierministers Cameron, nicht wiedergewählt zu werden, verleitete ihn zu dem Versprechen einer unverbindlichen Volksbefragung über den Austritt Englands aus der EU. Er wurde wiedergewählt und setzte ein Referendum an. Es gab keine Rahmenbedingungen, wie ausreichend Zeit, Information, Deliberation et cetera, die ein qualitatives Verfahren gewährleisteten. Stattdessen schuf er eine dreimonatige Bühne, in der die Ängste aller Beteiligten geschürt wurden. Fehlender fairer und sachlicher Austausch und hoher Zeitdruck führten zum Desaster. Das Abstimmungsergebnis mit 52 Prozent machte deutlich, wie sehr die Gesellschaft gespalten war. Eine so weitreichende Entscheidung hätte anderer Mehrheiten und eines langen, transparenten Meinungsbildungsprozesses bedurft. Man hätte dafür andere Länder zum Vorbild nehmen können: Grönlands Loslösung von Dänemark fand mittels zweier Referenden statt. Beim ersten Referendum wurde gefragt, ob der Trennungsprozess gestartet werden soll. Erst nachdem eine Mehrheit dem zugestimmt hatte, begannen die Verhandlungen über die Abtrennung. In der zweiten Abstimmung wurde dann über den fertig ausgehandelten Trennungsvertrag abgestimmt. Alle wussten also ganz genau, welche Folgen eine Trennung haben wird.

Weiteres Beispiel: Am 21. Mai 2006 fand ein Referendum statt, das über die Unabhängigkeit der Republik Montenegro von der Staatengemeinschaft Serbien und Montenegro entschied. Dazu war eine Mehrheit von 55 Prozent notwendig. So können sehr knappe Mehrheiten verhindert werden. Wenn 55 oder mehr Prozent erreicht werden, ist der Abstand zur Minderheit von 45 Prozent deutlich, nämlich mindestens 10 Prozent. In diesem Fall stimmten 55,49 Prozent (230 661) für und 44,51 Prozent (185 002) gegen die Unabhängigkeit.

Das Problem mit den Ängsten aller Art ist, dass sie Einfluss auf die Qualität unserer Entscheidungen nehmen. Wenn ich Angst habe – vor was auch immer –, bin ich entfremdet, und mein Blickfeld ist enger. Mechanismen der Psyche, die normalerweise zusammengehören, fallen auseinander. Unser Umfeld wirkt entrückt, und wir schätzen Situationen bedrohlicher ein. Gerade im Umgang mit der Coronapandemie können wir beobachten, welch starke Triebfeder die Angst im Umgang mit Problemen sein kann. Hierzu habe ich vier aktivierte Angstmuster in der Gesellschaft beobachtet:

1. die Angst vor eigener Krankheit und Tod,
2. die Angst vor der Schuld, andere lebensbedrohlich anzustecken,

3. die Angst vor staatlicher Kontrolle und dem Verlust der Selbstbestimmung,
4. die Existenzangst, Beruf und Einkommen zu verlieren

Vermutlich finden sich die meisten von uns in einem oder mehreren dieser Angstmuster wieder. Wichtig ist, dass wir uns unserer Ängste an dieser Stelle bewusst werden und dass es einen Raum für den öffentlichen Austausch über unsere Sorgen gibt. Und noch wichtiger ist zu erkennen, welche Angst uns gerade zu welchen Handlungen treibt. Denn dann wird viel verständlicher, warum in der Coronadebatte die einen nach hundertprozentigem Schutz und Kontaktvermeidung rufen, während andere die sofortige Öffnung des wirtschaftlichen Lebens fordern und dritte das Heraufziehen diktatorischer Zustände vermuten. Es wird dann deutlich, warum die einen den harten Lockdown und andere ihr Leben unbeirrt weiterleben wollen. Wir müssen die Motive unseres Handelns erkennen. Das gilt natürlich genauso für die Menschen in der Politik. Welche Verordnung, welche Gesetzgebung, welches politische Handeln folgt einer mehr oder weniger Angst gesteuerten Motivation? Wie sehr fühlt sich die Politik unter Druck gesetzt, den jeweils unterschiedlichen Ängsten in der Bevölkerung Folge zu leisten? Angst ist bekanntlich in den meisten Fällen eine schlechte Ratgeberin und keine gute Ausgangsposition, um wichtige Entscheidungen zu fällen. Wir sollten hier kompetenter und reflektierter werden. Wir müssen die Furcht erkennen und miteinbeziehen, um mit ihr umgehen zu können.

Gesellschaftliche Spannung entsteht auch, wenn die Politik unsere Ängste nicht ernst nimmt. Wir machen sie dann unbewusst zum Feind. Wenn wir das ändern wollen, müssen wir am besten uns ändern. Wir kommen nicht drum herum, auch an uns selber zu arbeiten. Wenn wir uns unserer Ängste bewusst werden, bemerken wir, wann und wie sie unser Handeln ungut beeinflussen.

Zwei unversöhnliche Menschenbilder

Ich habe viele Unterschriften in meinem Leben gesammelt, mal für das eine, mal für das andere Begehren. Immer auf der Straße. Hinter jeder Unterschrift steht ein persönliches Gespräch. Das fängt schon mit der Entscheidung an, auf wen ich zugehe, wen ich anspreche. Im Laufe der Zeit habe ich die Strategie gewechselt. Ich spreche nicht mehr nur die offenen, strahlenden Gesichter an, sondern auch jene, die in der Menge der Fußgängerzone untergehen, die man leicht übersieht oder von denen man denkt, dass sie gar nicht angesprochen werden wollen, oder die man vielleicht auch selbst nicht unbedingt ansprechen möchte. Das sind oft die dankbarsten, überraschendsten Begegnungen.

Die meisten Unterschriften habe ich für die Ziele unseres Vereins *Mehr Demokratie* gesammelt, für die Absenkung der Hürden für Volksbegehren oder die Einführung von Bürgerbegehren in Gemeinden. Zwei Erfahrungen haben mich in all den Jahren sehr geprägt: Es waren eher Frauen als Männer, die bei mir stehen blieben und sich neugierig informierten – nur um dann oft von ihren Männern ungeduldig weggezerrt zu werden. Die Diskussionen mit Männern liefen eher so, dass sie sich zwar für ein Mehr an Demokratie aussprachen, aber Sorge vor den Entscheidungen anderer hatten. In diesen Momenten habe ich dann oft nachgefragt: »Wenn Sie wollen, dass alle nach Ihrer Pfeife tanzen, wie demokratisch sind Sie dann wirklich? Für wie unfähig oder unverantwortlich halten Sie – vielleicht auch nur insgeheim – die anderen? Vertrauen Sie eigentlich dem demokratischen Prinzip, dass alle entscheiden dürfen und die Mehrheit den Ausschlag gibt?«

Quer durch die Gesellschaft scheint es zwei Lager, zwei Menschenbilder zu geben. Die einen sind überzeugt, dass der Mensch nur von niederen Beweggründen getrieben ist, nur an sich denkt, mit wenig Vernunft begabt und dem Menschen im Grunde nicht zu trauen ist. Er muss geführt und kontrolliert werden. Das andere Menschenbild geht davon aus, dass der Mensch grundsätzlich gut und ein soziales Wesen ist, zum Besseren strebt und in der Lage ist, für sich und andere Verantwortung zu übernehmen. Wer den Menschen an sich fürchtet, wird sich ewig von ihm bedroht fühlen und ihn kontrollieren wollen. Und wer dem Menschen an sich vertraut, wird sich in der Gesellschaft grundsätzlich sicher fühlen und Vertrauen schenken wie ernten. Beide Menschenbilder bestimmen unsere Gesellschaft. Beide Bilder leben in uns.

Immer wieder werde ich gefragt, warum ich all das mache, was ich mache. Was ich dafür bekomme? Was ich davon habe? Das ist eine gute Frage, denn ich habe gar nichts davon, wenn es mehr Demokratie gibt. Denn für mich allein bringt Demokratie keinen unmittelbaren Vorteil. Demokratie ist immer für andere, oder besser gesagt, Demokratie ist immer für alle. Im Kern unserer Organisation *Mehr Demokratie* steht das Vertrauen. Bei *Mehr Demokratie* vertrauen wir den Menschen, vertrauen den Bürger:innen und auch den Politiker:innen.

Motivation von innen

Es war im Jahr 1949, als Professor Harry Harlow aus Wisconsin in den USA eine der vielleicht wichtigsten Entdeckungen des letzten Jahrhunderts machte – ohne es zu merken. Harlow hatte acht Rhesusaffen für ein vierzehntägiges Experiment aus dem Zoo geholt. Er gab ihnen eine Aufgabe: Eine Art Schloss musste geöffnet werden. Schon bei der Vorbereitung für das Experiment konnte der überraschte Harlow beobachten, wie die Affen begannen, nach einer Lösung zu suchen. Ohne Aussicht auf Belohnung, ohne Sorge vor Bestrafung. Scheinbar grundlos schienen sie tätig zu werden und dabei noch Freude zu haben. Anfangs brauchten sie noch recht lang, um den Lösungsweg zu finden, aber nach wenigen Tagen konnten die Affen die Aufgabe in nur 60 Sekunden lösen.

Das widersprach allen wissenschaftlichen Theorien und Vorstellungen der damaligen Zeit – allen voran dem damals vorherrschenden Behaviorismus, der die Handlungen der Primaten (Affen) und Menschen mit zwei Antrieben erklärt. Erstens dem biologischen Antrieb, also dem Trieb nach Essen, Trinken und Fortpflanzung, und zweitens dem Antrieb durch äußere Anreize: Belohnung und Bestrafung. Wenn wir beispielsweise nicht pünktlich die Steuererklärung beim Finanzamt einreichen, werden wir bestraft: Deshalb beeilen wir uns. Wenn wir nicht gut arbeiten, könnten wir gekündigt werden. Wenn es einen Bonus gibt, arbeiten wir härter. Solche Anreize von außen, sogenannte extrinsische Anreize, funktionieren und bestimmen einen Großteil unseres Lebens. Doch in diesem Versuch mit den Affen konnten weder diese Anreize noch die biologischen Motivatoren das Verhalten der Primaten erklären. Warum beschäftigten sich die Affen so intensiv mit der Aufgabe?

Harlow startete ein zweites Experiment. Wenn die Affen lernten, dieses Schloss *ohne* äußere Anreize zu öffnen, dann müssten sie es *mit* Anreizen sicher viel schneller lösen können. Doch genau das Gegenteil war der Fall. Mit der Belohnung der Affen nahm ihr Interesse an der Aufgabe ab! Harlow war irritiert – wie konnten Belohnungsanreize den Antrieb nicht nur *nicht* verstärken, sondern sogar zerstören? Harlow notierte, dass es scheinbar eine »weitere Kraft« geben müsse, und nannte die neue Kraft die intrinsische Motivation, also inneren Antrieb. Er stellte die These auf, dass dieser innere Antrieb durch äußere Anreize wie Belohnung und Strafe zerstört werden könne. Harlows Entdeckung widersprach dem wissenschaftlichen Mainstream und wurde schlichtweg ignoriert. Erst 20 Jahre später stieß ein junger Student der Psychologie, Edward L. Deci, auf die Schriften von Harlow und startete neue Experimente – diesmal allerdings mit Menschen.

Eines der ersten Experimente von Edward Deci, der heute ein viel zitierter Professor der Psychologie ist, sah so aus: Er bat zwei Gruppen von Studierenden – eine Gruppe A (die Kontrollgruppe) und eine Gruppe B (die eigentliche Experimentgruppe) –, dreimal hintereinander jeweils eine Stunde lang Aufgaben mit einem Zauberwürfel zu lösen. In der ersten Stunde und Experimentrunde ließ Deci seine Probanden unbehelligt ihre Lösungen finden. Weder Bestrafung oder Belohnung standen bei Lösung oder Nichtlösung der Aufgabe in Aussicht. Bei der zweiten einstündigen Sitzung waren alle Studierenden in der Gruppe A, der Kontrollgruppe, genau in der gleichen Situation – sie konnten weitere Zauberwürfelaufgaben lösen. Den Studierenden in der Gruppe B (Experimentgruppe) wurde jedoch diesmal eine Belohnung von einem Dollar für jede gefundene Lösung innerhalb von 13 Minuten in Aussicht gestellt. Bei den dritten Sitzungen der beiden Gruppen wurde wieder allen Studierenden ein Zauberwürfel vorgelegt, nur dass man diesmal der Experimentgruppe sagte, dass es jetzt wieder kein Geld zur Belohnung gäbe. Das Ergebnis war: Zwar investierten die Studierenden der Experimentgruppe deutlich mehr, als ihnen eine Belohnung angeboten wurde, doch als ihnen in der dritten Sitzung kein Geld mehr geboten wurde, waren sie am unmotiviertesten, während die Studierenden der A-Gruppe (Kontrollgruppe) in der dritten Stunde immer noch motiviert waren. Ähnliche Versuche wurden mit anderen Gruppen wie auch mit Kindern durchgeführt.

Die Ergebnisse bestätigten alle den Verdacht: **Eine nicht von außen beeinflusste Motivation – weder durch Strafe noch durch Belohnung – ist die stärkste Motivation.** Wird dann diese Motivation beeinflusst, entweder durch Belohnungs- oder Strafsysteme, kehrte sie anschließend nie mehr zu dem ursprünglichen Ausmaß an unbeeinflusster Motivation zurück. Eine entscheidende Erkenntnis.

Was war passiert? Das Zuckerbrot, der Anreiz durch Geld, hatte in den Köpfen der Probanden etwas fundamental geändert. Statt aus innerer Freude einfach spielerisch die Aufgaben zu lösen, wurde das Aufgabenlösen zu einer von außen gewollten Aufgabe. Damit veränderte sich der Charakter einer Aufgabe grundlegend. Es ging nicht mehr um das »Spiel« des Spielens wegen, es ging darum, eine Aufgabe zu erledigen, um an eine Belohnung heranzukommen. Der äußere, extrinsische Anreiz der Belohnung hatte also die innere, intrinsische Motivation verdrängt.

Die letzten 40 Jahre haben gezeigt, dass Harlow und Deci einem Kern des Menschen auf der Spur waren, der ein völlig neues Licht auf unser individuelles und gesellschaftliches Leben wirft. Ihre Ergebnisse gehören mittlerweile zu den am besten überprüften wissenschaftlichen Effekten, sie wurden hundertfach in Feldversuchen und Experimenten bestätigt. Es konnte unter anderem nachgewiesen werden, wie die Einführung von Bezahlung für Blutspenden dazu führt, dass die Blutspendebereitschaft im ganzen Land zurückgeht. Nur wenn die Aufgaben sehr einfach sind und kaum kognitive Anstrengung benötigen, also zum Beispiel bei einer monotonen Tätigkeit, kann ein äußerer Anreiz dazu führen, dass mehr produziert wird. Bei allen anderen Tätigkeiten hat ein solcher Anreiz eine gegenteilige Wirkung. **Diese Beispiele zeigen, dass wir Menschen uns am ehesten entfalten, wenn wir frei und unabhängig aus uns selbst heraus handeln können.**

Warum nehmen wir diese Erkenntnis nicht viel ernster? Warum stecken wir noch immer in so vielen Mechanismen fest, in denen wir belohnt und bestraft werden? Die Antwort auf die Frage, ob der Mensch von innen oder von außen motiviert sein Bestes gibt, kann unsere Perspektive auf die Gesellschaft als Ganzes völlig verändern. Wenn wir Menschen uns am besten selbst motiviert einbringen, dann stellt sich die Frage ganz neu, wie wir unsere Arbeitsverhältnisse in Unternehmen zukünftig organisieren und wie der Staat besser funktionieren kann.

Schaut man sich einmal um, in Städten, Kirchen und Familien, so wird schnell deutlich: Ohne lohnunabhängige Motivation, ohne ehrenamtliches Engagement würde unser wirtschaftliches und gesellschaftliches Leben zusammenbrechen. Allein in Deutschland werden jährlich rund 90 Milliarden Stunden freiwillige, ehrenamtliche Arbeit geleistet. Das ist Arbeit im Wert von 826 Milliarden Euro, wenn sie vergütet werden müsste. Das liegt deutlich höher als die Nettogehälter aller Arbeitnehmer:innen in Höhe von 780 Milliarden Euro.[7]

In der Wirtschaft wird der Perspektivenwechsel langsam aufgegriffen. Immer mehr Unternehmen und Konzerne arbeiten mit dem Wissen um die intrinsische Motivation. Die Firma BOSCH[8] zum Beispiel hat mit ihren 400 000 Mitarbeitenden alle leistungsabhängigen Vergütungen und Bonusprogramme für Manager:innen abgeschafft mit der Begründung, dass sie die innere Motivation verdrängen. Und das Unternehmen hat damit Erfolg. Gearbeitet werden soll mit Freude und nicht weil ein neuer Bonus winkt. Offensichtlich hat es funktioniert, sonst hätte BOSCH die Belohnungszahlungen schnell wieder eingeführt. Giganten wie Google setzen auch zunehmend auf den inneren Antrieb und stellen ihren Mitarbeitenden zumindest 20 Prozent der

Arbeitszeit als freie Zeit zur Verfügung, in der jeder an den Dingen arbeiten kann, auf die er wirklich Lust hat. In solchen »freien« Momenten ist dann unter anderem Google Maps entstanden. Andere Firmen gehen sogar noch weiter, schaffen formale Hierarchien ab und setzen ganz auf den inneren Antrieb der einzelnen Mitarbeitenden. Mit überraschenden Erfolgen. Der größte Tomatenverarbeiter der Welt in Kalifornien, Morning Star,[9] gegründet 1970 von Chris Rufer, der das Unternehmen bis heute führt, hat jede Form von »Anweisungen« abgeschafft. Die 10 000 Mitarbeitenden führen sich selbst, sie legen Gehälter selbst fest und erfinden neue Maschinen. Wer denkt, dass damit das Chaos ausbricht, der irrt. Morning Star ist heute erfolgreicher und innovativer denn je, wächst schneller als alle Mitbewerber:innen. In kaum einem Ketchup in den USA sind nicht Tomaten von Morning Star enthalten. Das Unternehmen hat eine hoch motivierte Mitarbeiterschaft, die ihren Arbeitsplatz nicht als notwendiges Übel begreift, um an ihr Gehalt zu kommen, sondern Freude an der Arbeit hat.

Bei *Mehr Demokratie* läuft es ähnlich. Wer arbeitet, um vermögend zu werden, geht woandershin. Wer aber Lust hat, sinnerfüllt beizutragen, sich mit und für die Demokratie einzusetzen, der ist herzlich willkommen. Es gibt bei uns niemanden, der Arbeits- oder Urlaubszeiten kontrolliert. Es gibt genauso wenig jemanden, der dir ständig über den Kopf streichelt und dich lobt. Dafür gibt es aber viele kleine Teams innerhalb der großen Gruppe. Hast du eine gute Idee, dann verfolge sie, hol dir Rückmeldung und überzeuge die anderen von deinem Projekt. Im Grunde arbeiten viele mehr, als sie sollten, aber weil sie das wollen.

Thilo Bode, der Gründer von Foodwatch und früher langjähriger Geschäftsführer von Greenpeace, sagt gerne über uns, dass *Mehr Demokratie* die Mutter aller zivilgesellschaftlichen Organisationen sei, da wir die demokratischen Wege ebnen, damit alle anderen Organisationen diese Wege nutzen, ihre Ziele einbringen und in handfeste Gesetzgebung gießen können. Dieser Blick auf unsere gemeinnützige Arbeit für die Demokratie weist uns eine gewisse Schlüsselrolle zu.

Sie hat nur einen Nachteil: Mit der Rettung von Regenwäldern, misshandelten Tieren und vernachlässigten Kindern lassen sich leichter Spenden gewinnen als mit der Rettung beziehungsweise Ausweitung der Demokratie. In die Entwicklung der Demokratie zu investieren ist in der Landschaft der gemeinnützigen Organisationen eher die Ausnahme.

Für mich und meine Mitstreitenden bleibt es ein Privileg, diese Arbeit für die Demokratie tun zu dürfen. Und jeden Tag bewundere ich die mutigen Menschen in anderen Ländern wie Belarus, Myanmar oder China, die für ihren Einsatz für die Demokratie ihre Freiheit riskieren oder gar ihr Leben verlieren. Dann frage ich mich immer, ob ich das auch schaffen würde, ob es mir auch gelänge, diesen Mut aufzubringen. Oder anders gefragt: Wie groß muss die Not der Menschen in anderen Ländern sein, dass sie bereit sind, ihr Leben für die Demokratie aufs Spiel zu setzen? In solchen Momenten werde ich demütig und dankbar.

Wenn wir noch einmal darauf zurückkommen, dass Gräben zwischen den Menschen dort entstehen, wo die Verbundenheit endet, und dass Ängste da aufhören, wo Vertrauen beginnt, wie sollten wir uns dann in Gemeinschaften organisieren? Wie stellen wir Verbundenheit sicher in Familie, Unternehmen und Gesellschaft? Worauf kommt es an? Wie entsteht Vertrauen unter uns Menschen? Wie bilden wir den gesellschaftlichen Zusammenhalt, der uns gerade fehlt?

Wie werden wir zu guten Teams?

Das Unternehmen Google hat viele Millionen Dollar investiert, um herauszufinden, welche Teams die besten Ergebnisse erzielen.[10] Auch wenn dies sicher aus einer Motivation der Profitmaximierung heraus geschehen ist, sind die Ergebnisse für uns wertvoll. Es lohnt sich aus dieser Forschung zu lernen, denn das sogenannte Aristoteles-Projekt[11] lieferte überraschende Resultate: Alle anfänglichen Hypothesen konnten nicht bestätigt werden. Weder die cleversten noch die am engsten befreundeten noch die gemischtesten noch die intro- oder extrovertiertesten Gruppen waren die erfolgreichen. Der mit Abstand wichtigste Einzelfaktor bei den effektivsten Teams war die sogenannte »psychologische Sicherheit«. Über die Effektivität einer Gruppe entscheidet also, wie sicher sich die einzelnen Teammitglieder in der Gruppe fühlen und wie sehr sie deswegen bereit sein können, zwischenmenschliche Risiken einzugehen. Es kommt also weniger darauf an, *wer* in einem Team ist, sondern *wie* in einem Team miteinander umgegangen wird.

Google hat in dieser Studie auch herausgefunden, was die psychologische Sicherheit einer Gruppe fördert, und stieß dabei auf zwei wichtige Faktoren: **Erstens kommt es darauf an, dass jedes Gruppenmitglied im Schnitt genauso**

viel redet wie alle anderen Mitglieder. Zweitens kommt es darauf an, dass ihm alle anderen intensiv und aufmerksam zuhören. Und dabei ist es völlig unbedeutend, ob die Gruppenmitglieder einander kennen, sich mögen oder nicht mögen oder ihre Meinungen teilen. Auch hier wurde bestätigt, wie entscheidend das Gehörtwerden ist.

Denken wir hier kurz an das Parlament und übertragen diese Erkenntnis auf das »Team Bundestag«. Stellen wir uns vor, alle Abgeordneten würden in einem Raum psychologischer Sicherheit agieren können. Stellen wir uns vor, die Abgeordneten wären nicht täglich Angriffen, Bloßstellungen und Abwertungen ausgesetzt, aus der Gesellschaft, von anderen Politiker:innen oder Parteifreunden.

Laut der Forschung von Google kommt noch eine ganze Reihe weiterer Einflüsse hinzu, wie zum Beispiel Zuverlässigkeit. In zuverlässigen Teams erledigt jedes Mitglied seine Arbeit pünktlich und drückt sich nicht vor der Verantwortung. Außerdem sind Struktur und Übersichtlichkeit wichtig, denn die einzelnen Teammitglieder sollten sich im Klaren darüber sein, welche Erwartungen an sie gestellt werden, wie sie diese erfüllen können und auch an welchen kurz- und langfristigen Zielen das Team arbeitet. Für die Teameffektivität ist noch wichtig, ob die Mitglieder eine Sinnhaftigkeit in ihrer Arbeit selbst oder in deren Resultat sehen. Wichtig ist auch, dass die Ergebnisse der eigenen Arbeit einen Beitrag zum Erfolg der Unternehmung leisten.

Vor diesem Hintergrund wird noch viel deutlicher, wie sehr die einzelnen Machthaber:innen durch eine kontraproduktive Kultur das ganze System belasten. Bestes Beispiel ist

Donald Trump, der die Politik wie einen Boxkampf geführt hat. Im Ring zählte nur die Macht des Stärkeren, auf jeden Schlag folgte der Gegenschlag, von Finten einmal ganz abgesehen. Alleingänge und Nichtzuhören gehörten genauso zur Tagesordnung wie Misstrauen und Verunsicherung verbreiten. Das Aufkündigen von Allianzen und Kooperationen eines einzelnen Machthabers hat das Gleichgewicht unseres globalen Gefüges erschüttert. Die Kultur der Unkultur hat viele Menschen verunsichert und an der Demokratie zweifeln lassen.

Das muss sich dringend ändern. Wir Menschen müssen kooperieren, gemeinsam agieren. Wir müssen unser Potenzial zur freien Entfaltung bringen können, den gesellschaftlichen Zusammenhalt spüren und im Auge behalten – eben weil wir an das Gute im Menschen glauben können. Wir müssen zum Gelingen des großen Ganzen, zu dem, was wir unser politisches System nennen, beitragen dürfen. Dafür müssen neue demokratische Strukturen geschaffen werden. Dafür muss Demokratie vor allem erlebbarer werden. Was das heißt, darum soll es im nächsten Kapitel gehen.

KAPITEL 3:
Die unsichtbare Demokratie

>»Wenn wir aufhören die Demokratie zu entwickeln,
>fängt die Demokratie an aufzuhören.«
>
>RALF-UWE BECK, BÜRGERRECHTLER

Wir kamen nicht weiter, irgendwie steckten wir fest. Die Entwicklung der Demokratie schritt nicht so voran, wie wir uns wünschten und es uns notwendig schien. Also schloss ich meine Augen und stellte mir einfach mal die Demokratie vor und begann, einen Dialog mit ihr zu führen: »Wer bist du, Demokratie? Wie siehst du aus?«

Und die Demokratie antwortete: »Ich bin unsichtbar.« »Aber, aber …«, fragte ich weiter, »… wenn du unsichtbar bist, wenn wir dich weder sehen noch anfassen können, woher wissen wir dann, dass es dich gibt und dass wir mehr von dir wollen? Woran merken wir, dass du existierst, dass du lebst? Und woran merken wir, dass du fehlst?«

Und die Demokratie antwortete: »Ich trete nur in Erscheinung, wenn ich angewendet werde. Ich will nichts, ich habe kein Eigeninteresse. Ich bin für die da, die mich brauchen, dann werde ich sichtbar. Ich diene denjenigen, die mich brauchen. Wer mich erfährt, der erlebt mich.«

Aber an wie viele demokratische Erlebnisse erinnere ich mich? Was ist überhaupt ein demokratisches Erlebnis?

Ich nähere mich über meine jahrelange Arbeit der Frage, was die Demokratie für uns ist, immer mehr an. War sie für mich als Sechzehnjährige die Antwort auf meine Empörung über die politische Ungerechtigkeit, ist die Demokratie heute für mich das Versprechen von der größtmöglichen Zufriedenheit aller Menschen. Und solange die größtmögliche Zufriedenheit aller Menschen noch nicht erreicht ist, müssen wir die Demokratie eben weiterentwickeln. In einer Demokratie zu leben gibt mir das Gefühl, nicht unterzugehen und die gleichen Rechte zu haben wie alle anderen Menschen auch. Natürlich empfinde ich diese Sicherheit und Gerechtigkeit auch, weil ich weiß, dass ich in einem Rechtsstaat lebe, in dem die Macht auf drei Gewalten verteilt ist, die sich gegenseitig in Schach halten. Wenige Menschen sollen nicht zu viel entscheiden können. Es gibt eine Grundordnung, auf die ich mich verlassen kann.

Die Demokratie fühlt sich an wie das unsichtbare Band, das sich zwischen uns webt und die Strukturen hervorbringt, in denen wir leben. Demokratie ist für mich der Versuch und der Weg, der es allen Menschen ermöglicht, gleichberechtigt und gemeinsam das zu entscheiden, was alle betrifft. Und die Demokratie bedeutet nicht nur Mehrheitsentscheidungen, sondern dass wir unsere Interessen und die Spielregeln des Zusammenlebens miteinander aushandeln. Die Demokratie ist jedenfalls keine technische Erfindung, die einmal installiert ewig funktioniert. Vielmehr ist die Demokratie eine Errungenschaft der nach Freiheit und Selbstbestimmung strebenden Menschen. So war es jedenfalls während der Französischen Revolution, so war es bei der Abschaffung des Kaiserreichs, bei der Einführung des Frauenwahlrechts, und so war es bei der friedlichen Revolution 1989 – Menschen wurden sich ihrer eigenen Macht bewusst und traten für sie ein. Demokratie ist heute die Hoffnung, in Frieden und Freiheit miteinander zu leben.

Was macht eine Demokratie aus?

Jedes Jahr wird von der Zeitschrift *The Economist* ein Demokratieindex ermittelt, der den Grad der Demokratie in 167 von 193 Ländern bemisst. Demnach lebt knapp die Hälfte der Weltbevölkerung in einem der 75 als Demokratie bezeichneten Länder. Davon gehören nur 23 Länder zu den »vollständigen« und 52 Länder zu den »unvollständigen« Demokratien. Deutschland, Österreich und die Schweiz gehören zu der von Norwegen, Island und Schweden angeführten Liste der »vollständigen« Demokratien, während schon Frankreich, die USA und Portugal zu den »unvollständigen« Demokratien zählen. Der Unterschied wird wie folgt beschrieben:[12] »Vollständige Demokratien sind Nationen, in denen bürgerliche Freiheiten und politische Grundfreiheiten nicht nur respektiert, sondern auch durch eine politische Kultur gestärkt werden, die dem Gedeihen demokratischer Prinzipien förderlich ist. Diese Nationen haben ein gültiges

System staatlicher Kontrolle, eine unabhängige Justiz, deren Entscheidungen durchgesetzt werden, Regierungen, die angemessen funktionieren, sowie vielfältige und unabhängige Medien. Diese Nationen haben nur begrenzte Probleme mit dem demokratischen Funktionieren.

Unvollständige Demokratien sind Nationen, in denen Wahlen fair und frei sind und grundlegende bürgerliche Freiheiten gewahrt werden, die jedoch Probleme haben können, wie beispielsweise die Verletzung der Medienfreiheit und geringfügige Unterdrückung politischer Opposition und Kritiker:innen. Diese Nationen haben erhebliche Mängel in anderen demokratischen Aspekten, einschließlich einer unterentwickelten politischen Kultur, einer geringen Beteiligung an der Politik und Probleme bei der Funktionsweise der Regierungsführung.«

Gemessen wird der Index an den fünf Kriterien Wahlprozess, Pluralismus, Freiheiten der Bevölkerung, politische Beteiligung und Kultur sowie an der Funktionsfähigkeit der Regierungen.

Der Demokratieindex des *The Economist* ist nicht der einzige, der versucht, Länder nach ihrer Demokratiequalität zu listen. Es gibt weitere, wie die kontinuierliche Messung von *Polity IV*, die Länder auf einer Skala von »Demokratie« bis »Autokratie« einordnet. Oder *Freedom House*, das die Länder nach ihrem Freiheitsgrad bemisst. Die Uni Zürich erstellt zusammen mit dem Wissenschaftszentrum Berlin das Demokratiebarometer, welches die Staaten nach Rechtsstaatlichkeit, Transparenz, Partizipationsmöglichkeit und dem politischen Wettbewerb bewertet. Sowie die Demokratiematrix der Universität Würzburg, die circa 200 Staaten im Zeitraum zwischen 1900 und 2020 bewertet.

Auffallend ist, dass jedem Index andere Kriterien zugrunde liegen. So kann es dann auch mal sein, dass sich die aus meiner Sicht sehr demokratische Schweiz in einem Ranking hinter den USA wiederfindet. Es zeigt auch, dass es keine einheitliche Definition von Demokratie, sondern verschiedene Demokratietheorien gibt.

Bemerkenswert ist, dass keine Demokratie einer anderen gleicht. Vielmehr scheint es, dass jedes Land und damit jede Gesellschaft ihre Demokratie nach ganz eigenen Bedürfnissen entwickelt und ausgestaltet. Jede Nation hat ihre spezifischen Regeln, ihren eigenen Charakter und ein eigenes Demokratieverständnis. Jede Gesellschaft scheint ihre eigenen Strukturen zu prägen und sich durch diese Strukturen prägen zu lassen. Und trotz Schwankungen nehmen in der Tendenz die demokratischen Entwicklungen weltweit zu, wie die Langzeitanalyse der Universität Würzburg zeigt.[13]

Als Katharina Höftmann Ciobotaru, meine Mitautorin, mit der Idee auf mich zukam, dieses Buch zu schreiben, war ich zuerst etwas zurückhaltend, weil ich mir nicht vorstellen konnte, wen ein Buch über Demokratie interessieren könnte. Dann aber wurde mir klar, dass es vielleicht sehr vielen anderen Menschen so wie mir geht: Eine Liebeserklärung an die Demokratie zu schreiben setzt nicht voraus, Politikerin sein zu müssen; man muss auch nicht Juristin oder Verwaltungsbeamtin sein, um eine Leidenschaft für die Demokratie zu entwickeln. Der Gesellschaft zugehörig zu sein, sich als eine Teilhabende in der Demokratie zu erleben, ist für viele vielleicht doch eine Selbstverständlichkeit. Auch sich aus der Politik herauszuhalten, sich zu enthalten, »die anderen einfach machen lassen« ist in einer Demokratie legitim. Das kann auch ein Vertrauensbeweis sein, dass da schon alles richtig läuft. Aber unzufrieden zu sein und sich stetig meckernd abzuwenden ist auf Dauer keine Lösung und untergräbt die Demokratie.

In der Schweiz hat der Wirtschaftswissenschaftler Bruno Frey den Zusammenhang zwischen der Demokratie und Glücklichsein untersucht. Er kommt zu dem Schluss,[14] dass da, wo die größte demokratische Beteiligung der Bevölkerung möglich ist, auch die größte Zufriedenheit unter den Menschen zu finden ist. Die Kernaussage seiner Erkenntnisse lautet: »**Je mehr die Menschen sich demokratisch an der Politik beteiligen können, desto glücklicher sind sie.**«

Auch wenn die Demokratie unsichtbar ist, wenn sie gerade nicht in Erscheinung tritt, wie zum Beispiel bei einer Wahl, so ist sie doch vorhanden und wirkt. Denn allein ihre Existenz macht die Bürgerschaft zur selbstbewussten Souveränin. Die Demokratie lebt vom Gespräch, immer im Bestreben möglichst hohe Zustimmungen zu erlangen, um damit den Anteil an Zufriedenheit zu erhöhen. Das Ideal wäre erreicht, wenn in einer Gruppe Konsens herrscht, wenn sich also alle einig wären. Dann wäre die größtmögliche Zufriedenheit erreicht.

Es ist jedoch auch offensichtlich, dass Mehrheiten in einer Demokratie Gesetze verabschieden und deren Durchsetzung veranlassen können, die Minderheitenrechte verletzen. Demokratie als Entscheidungsmittel schützt nicht automatisch vor Entgleisungen, bewahrt nicht davor, dass die Mehrheit eine Minderheit unterdrückt. Deswegen ist das Prinzip des Rechtsstaates die Schwester der Demokratie. Das bedeutet, dass selbst der Staat an Recht und Gesetz gebunden ist und nicht willkürlich handeln darf. Die Grundrechte der Menschen, von Einzelnen und Minderheiten dürfen auch nicht per Mehrheitsentscheidung eingeschränkt werden. Dazu gehört auch die Teilung der Gewalten. Und jeder Mensch ist vor dem Gesetz gleich und nicht mancher »gleicher« als andere. Unser Land lebt vom Vertrauen in das Gesetz und von der Treue gegenüber dem Recht und der Verfassung. Das sind unsere gesellschaftlichen Grundwerte, darauf bauen wir.

Warum und wie wir wählen

Wir lieben und verteidigen die Demokratie, gehen aber immer seltener wählen? Warum gehen wir überhaupt wählen? Es ist uns rational völlig klar, dass wir mit unserer einen Stimme kaum einen entscheidenden Einfluss auf den Wahlausgang haben. Aus ökonomischer Sicht, also im Hinblick auf Einsatz und Ertrag, ergibt es wenig Sinn, wählen zu gehen. Und doch gehen die meisten von uns zur Wahl. Die Motive sind sicher vielfältig, mal ist es aus Pflichtgefühl, mal aus Überzeugung, mal aus Solidarität. Die wenigsten wählen nach dem Inhalt der Wahlprogramme, viele wählen die Farbe, die die Familie schon immer gewählt hat. Manche wählen eine Partei aus reiner Sympathie, weil ihnen der Mensch gefällt, mal aus reiner Antipathie, weil sie einen Unsympathen, eine Unsympathin verhindern wollen. Oder weil wir die Regierung bestätigen oder ihr eins auswischen wollen. Oder wir wählen in der Hoffnung, das Bestmögliche werde sich schon durchsetzen.

Wie oft entscheidet auch einfach nur das Bauchgefühl? Wobei ich das nicht verurteilen würde, sondern viel lieber noch tiefer erforscht sähe. Wir werten Entscheidungen, die auf unserem Bauchgefühl basieren, oft ab. Dabei scheint das Bauchgefühl einer der interessantesten Partner am runden Tisch der Entscheidungsfindung zu sein. Bei einer Umfrage unter Topmanagern und -managerinnen aus den USA gaben mehr als zwei Drittel zu, bei wichtigen Entscheidungen auf ihre innere Stimme zu hören. Unter deutschen Chefs wagen das gerade mal 30 Prozent – sicherlich ein Fehler.[15] Denn vielleicht ist es genau diese Qualität, die Topmanager:innen ausmacht: in schwierigen Situationen, in denen sie auf keine Erfahrungswerte zurückgreifen können, die richtige Entscheidung zu treffen. Neben unserem Verstand scheint es also noch eine Instanz zu geben, die eine erhebliche Rolle spielt: die Intuition.

Wir Frauen geben dieser Instanz gerne den Vortritt. Oft suchen wir dann nach den schlagkräftigen Argumenten, um das Gefühl zu untermauern, finden sie aber nicht. Da sich diese geäußerten Bauchgefühle in der Vergangenheit dann öfter in der Sache bewahrheitet haben, wird zumindest bei uns bei *Mehr Demokratie* das »gute oder ungute Gefühl« wie alle anderen Argumente auch in Entscheidungsprozesse miteinbezogen.

Professor Dr. Gerd Gigerenzer, Psychologe für Bildungsforschung am Max-Planck-Institut in Berlin, erforscht die Intelligenz des Unbewussten seit vielen Jahren. Er nennt die

Intuition »gefühltes Wissen« und hat verschiedene Faktoren identifiziert, warum spontane Entscheidungen in bestimmten Situationen die besseren Entscheidungen sind. Die Intuitionsforschung geht Phänomenen nach, die erst mal unerklärlich scheinen. Sie beschreibt den Prozess, der hinter der Intuition liegt, als Prinzipien der schnellen Heuristik, umgangssprachlich als Daumen- oder Faustregel bezeichnet, also wie wir mit wenig Informationen dennoch sinnvolle Aussagen oder Handlungen vollziehen können. Ein Fußballer zum Beispiel rechnet nicht zuerst mathematisch die Flugbahn des Balls aus, bevor er losrennt, sondern er behält die ganze Zeit nur eine Variable im Blick, den Ball. Solange er das tut, kann er sein Tempo und die Laufrichtung anpassen. Gigerenzer weist darauf hin, dass Experten in Meetings, die kurz und knapp gehalten werden, zu besseren Entscheidungen kommen, als wenn sie lang und breit sämtliche Optionen einbeziehen. Bei Laien ist es genau umgekehrt, die brauchen viel Zeit und viele Informationen. Die Experten aber greifen sehr schnell zur »besten« Entscheidungsvariante, haben Versuche gezeigt. Mit jeder weiteren einbezogenen Option verlassen sie nur die ursprünglich »bessere« oder »zutreffendere« Möglichkeit. Denn das sogenannte gefühlte Wissen ist hauptsächlich kondensiertes Erfahrungswissen und nicht nur einfach ein »Gefühl«.

Gigerenzer fasst seine Forschung so zusammen: »Intuition ist weder eine Laune noch die Quelle aller schlechten Entscheidungen. Sie ist unbewusste Intelligenz, welche die meisten Regionen des Gehirns nutzt. Intuition ist dem logischen Denken nicht unterlegen. Intuition ist unentbehrlich in einer komplexen und ungewissen Welt, während Logik in einer Welt ausreichen kann, in der alle Risiken mit Gewissheit bekannt sind.«[16]

Was bedeutet das für politische Entscheidungen? Mit Blick auf die weltweite Coronapandemie bleibt im Nachhinein auszuwerten, welche Entscheidungen am Ende die erfolgreicheren waren. Zu Beginn war jedenfalls nicht viel Wissen vorhanden und die Risiken sehr unklar. Handelten die politischen Akteure nun wie Laien oder wie Topmanager:innen?

Kurzum, »gefühltes Wissen«, intuitives Handeln spielt auch in der Politik eine wichtige Rolle. Doch weder ist es ausreichend erforscht, noch wird es genügend thematisiert. In der Regel werten wir Entscheidungen, die einem bloßen Gespür folgen, im Gegensatz zu rational gefällten Entscheidungen ab, obwohl Erstere keinen geringen Anteil unseres Handelns ausmachen. Wenn mich heute jemand fragt, warum ich mein Herz ausgerechnet der Demokratie geschenkt habe, ist eine ähnliche unbewusste Schicht berührt: Ich kann es nicht vollständig erklären. Es war keine bewusste, kognitiv sorgfältig begründete Entscheidung. Eher ein Sog, dem ich folgte. Demokratie ist meine Möglichkeit, mich als Teil dieser großen Welt zu erleben.

Warum glaube ich überhaupt, mit Demokratie die Welt verändern zu können?

Ich habe mir das früher immer so gedacht: Ich komme auf die Welt, und vom ersten Atemzug an bin ich ein Teil von diesem Planeten. Ich beginne mich mit allem, was zur Erde gehört, auszutauschen. Ich atme ein, und ich atme aus, ich nehme auf und scheide aus. Ich werde von einer Welt aufgenommen, die auch für mich geschaffen wurde. Jeder Weg, jede Straße wurde auch für mich gebaut. Jeder Baum auch für mich gepflanzt, jede Schule auch für mich eingerichtet. Jeder Landwirt, jede Landwirtin sät Getreide, jeder Bäcker, jede Bäckerin backt Brot – auch für mich. Und egal wohin ich gehe auf diesem Planeten, ich hinterlasse meine Spuren.

Diese Erkenntnis ließ ein erstes Verantwortungsbewusstsein in mir wachsen. Mir wurde schon als sehr junger Mensch klar, dass es nicht egal ist, wie ich hier lebe und welcher Natur der Fußabdruck ist, den ich hinterlasse. Ich wollte mein Leben möglichst verantwortungsvoll leben.

Mir wurde nur ziemlich schnell klar, dass ich allein wenig ausrichten kann, und wenn, dann musste ich mich mit anderen Menschen zusammenschließen. Und wenn ich etwas verändern wollte, dann ging das nur mit allen anderen und nicht gegen sie. Da ich weder Politikerin werden noch eine Verwaltungslaufbahn einschlagen, sondern meinem künstlerischen Beruf nachgehen wollte, blieb mir nur der zivilgesellschaftliche Bereich. Ich fragte mich: Soll ich verschiedene Organisationen unterstützen oder meine Kraft auf eine fokussieren, die dafür sorgt, dass alle anderen durch direktdemokratische Instrumente mehr erreichen können? So wurde die Demokratiebewegung meine politische Heimat.

Wie meine Mitstreitenden wollte auch ich Bedingungen dafür schaffen, dass die Zivilgesellschaft einflussreicher wird, indem sie nicht auf Gesetze oder deren Änderungen aus dem Parlament warten muss, sondern indem sie selbst ihre Anliegen mit Volksbegehren anschieben kann. **In der Politik han-**

deln wir – mithilfe der Demokratie – die Regeln aus, nach denen wir leben wollen. Wenn wir beispielsweise in Zukunft lieber bei Rot fahren und bei Grün stehen wollen, müssen wir das gemeinsam verabreden und akzeptieren, sonst kracht's.

Wir wollten direkte Demokratie, um unmittelbar auf die Gesetzgebung durch Volksabstimmungen Einfluss nehmen zu können. So wie es heute in allen Bundesländern schon möglich ist – aber auf Bundesebene eben noch nicht. Das schien uns neben den Wahlen das probate Mittel. Gesetzgebung auch aus der Gesellschaft heraus anstoßen zu können ist für mich die stärkste Ausprägung einer reifen Demokratie. Dass diese Möglichkeit immerhin schon in allen Bundesländern existiert, ist ein großer Gewinn.

»Jeder Mensch sollte mit seinem Leben die Welt ein bisschen besser machen«, sagte unlängst ein Teilnehmer in unserem Bürgerrat. Man stelle sich das mal vor, über sieben Milliarden »Bessermacher:innen« auf der Welt? Leben wir in diesem Bewusstsein? Momentan erleben wir uns doch eher als die Bedrohung dieses Planeten, oder? Aber wenn wir den Statistiken glauben, hatten wir noch nie so wenige Kriege auf der Welt wie heute, es haben noch nie so wenige Menschen gehungert und die Lebenserwartung war noch nie so hoch.[17] Wir haben heute global den höchsten Wohlstand in der Menschheitsgeschichte, und die Kriminalitätsrate war noch nie so gering.[18]

Prinzipiell waren die Möglichkeiten und die Voraussetzungen, die Welt und das Leben auf ihr zum Besseren zu wenden, noch nie so gut wie heute. Gleichzeitig waren die Risiken auch noch nie so hoch. Die globalen ökologischen Probleme scheinen uns völlig zu überfordern. Haben wir den Eindruck, mit unserem Leben die Welt ein bisschen besser zu machen? Gelingt es uns jeden Tag, das volle Potenzial unserer Möglichkeiten zu leben? Ist das okay, wenn wir uns montagmorgens schon auf das Wochenende freuen, am Jahresanfang die Tage bis zum Urlaub zählen und Jahrzehnte auf das Rentenalter hinleben, nur um dann das zu tun, was wir schon immer wollten: unser Potenzial entfalten? Ist es schlau, wenn wir die meiste Zeit darauf warten, in den Nischen des Alltags unser Leben zu entfalten? Ich meine, wie viel von dem, was wir leben, *müssen* wir tun, und wie viel *wollen* wir tun? Und wie viel von dem, was wir tun, erleben wir als wirklich sinnvoll?

Was müsste sich ändern, damit wir vollumfänglich unser Potenzial entfalten können und unser Tun zu größeren Anteilen sinnvoll und der Welt wirklich dienlich ist?

Sicher, das sind große Fragen, aber diese zu diskutieren gehört für mich dazu, wenn wir über Demokratie und Politik reden. Denn genau hier ist der Platz, wo wir die Dinge angehen und verändern können. Und dieser Platz muss für jeden zugänglich sein.

Warum können wir das, was wir denken, nicht einfach umsetzen?

Warum erkennen wir so oft die richtigen Lösungen, befolgen sie dann aber nicht? Wieso will kein psychisch gesunder Mensch ein Tier quälen, und trotzdem konsumieren wir täglich Massen von Fleisch, das aus unwürdigsten Bedingungen der Tierhaltung stammt? Wieso fliegen wir zum Teil sinnlos durch die Welt, obwohl wir wissen, dass weniger Fliegen die bessere Wahl ist? Wieso kaufen wir jeden Tag zig Dinge, die wir nicht brauchen, obwohl wir wissen, dass die Ressourcen dieser Welt begrenzt sind?

Kurzum – wieso nehmen wir so wenig Einfluss auf die Dinge, die wir ändern könnten?

Es liegt jedenfalls nicht daran, dass unser Kopf nicht wüsste, was zu tun ist, sondern es liegt daran, dass wir unsere Absichten eben oft »nur« denken können. Wir schieben es dann der mangelnden Disziplin zu, dass wir sie nicht umsetzen. Aber eigentlich liegt das Problem darin, dass wir unsere Einsichten und Absichten zwar denken, aber nicht emotionalisiert kriegen. **Oder einfacher gesagt: Wir können nicht fühlen, was wir wissen und denken.**

Wenn wir das Leiden eines Tieres bei der Schlachtung oder gar seines Lebens bis zur Schlachtung in uns selbst nachfühlen könnten, würden wir freiwillig darauf verzichten, es essen zu wollen. Wenn wir den Tod einer Biene, die gerade ein Gift in sich aufnimmt, miterlebten und die Qual in uns spürten, würde sich in uns vermutlich reflexartig ein Widerstand regen, den zu überwinden zwar möglich, aber schwieriger wäre. Wenn es uns gelingt, empathisch mit anderen Lebewesen »mitzufühlen«, dann wird sich unser Handeln wie automatisch zum Schutz derer ändern *wollen*. Wie oft hören und lesen wir von den vielen ertrunkenen Flüchtlingen im Mittelmeer (jährlich Zehntausende!), ohne wirklich daraus Taten folgen zu lassen? Wir hören und lesen es und gehen trotzdem unseren Dingen nach. Wenn es jedoch unsere eigenen Familienmitglieder wären, ja wenn es nur Mitglieder unseres Landes wären, würden wir aufschreien und alles nur Erdenkliche unternehmen, um sie vor dem

Ertrinken zu retten. Wenn Not und Leid uns so nah kommen, dass wir sie unmittelbar spüren können, dann entsteht in uns die Notwendigkeit zu handeln.

Bestimmen also Nähe, Empathie und Verbundenheit zu den Dingen um uns herum, wie ernsthaft wir in der Lage sind, auf sie Einfluss zu nehmen? **Wenn es mir gelingt, tatsächlich in eine tiefere Einsicht der Zusammenhänge zu kommen, sodass ich sie auch emotional erfassen kann, dann gelingen mir auch einschneidende, konsequente Entschlüsse und Handlungen besser.**

Vor einigen Wochen zeigte das Fernsehen eine Reportage über die deutsche Kleinstadt Weida in Thüringen,[19] die sich dem Experiment verschrieb, sich vier Wochen fleischlos zu ernähren, und alle Vor- und Nachteile sowie ihre Erfahrungen damit sammeln sollte. Kamerateams begleiteten Familien bei diesem Experiment. Am Ende stand dann die Schlachtung eines Schweins an. Die Kamera zeigte die Gesichter und hielt die entsetzten Aussprüche wie »Ich esse nie wieder Fleisch!« fest. Tatsächlich blieben ein paar Menschen nach diesem Erlebnis Vegetarier:innen, andere hingegen nur wenige Tage, bis das Ereignis in ihrer Erinnerung verblasste.

Das Gegenbeispiel dazu ist der Klimawandel. Wir fühlen ihn nicht, er ist uns nicht nahe genug, und der mögliche Schrecken ist für uns noch nicht gegenwärtig.

Wenn wir also erfolgreich unsere Erkenntnisse umsetzen wollen, brauchen wir nicht nur die nötige Disziplin, unseren Gedanken Taten folgen zu lassen, sondern vor allem auch einen Kontakt zu einer emotionalen Ebene. Die Försterin, die ihren Wald vor Trockenheit dahindarben sieht, wird zwangsläufig leichter zu Veränderungen im Wassermanagement und Umgang mit dem Klimawandel zu bewegen sein, als jemand, der davon nur gehört hat.

Halten wir fest: Wenn wir eine echte Nähe und Betroffenheit spüren, gelingt es uns leichter, unsere Lebensverhältnisse positiv zu beeinflussen. Doch dazu ist wichtig, dass wir auch über die äußeren Mittel verfügen. Bei dem erfolgreichen Volksbegehren »Rettet die Bienen« zum Artenschutz in Bayern 2019 beispielsweise kam beides zusammen: Eine durch das Artensterben emotional sehr betroffene Öffentlichkeit und die rechtliche Möglichkeit eines Volksbegehrens führten zum inhaltlichen Erfolg.

Direkte Demokratie durch Volksabstimmung

Mit der direkten Demokratie als Ergänzung des Parlamentarismus ist gemeint, dass sich eine Gesellschaft die Möglichkeit leistet, zwischen den Wahlen selbst einzugreifen. So können wir Gestalter:innen des Ganzen und des Gemeinwohls werden. Wie es in den Bundesländern geregelt ist, erhält jeder Mensch mit einer Volksinitiative die Chance, selbst einen Vorschlag einzubringen. Jeder Mensch bekommt damit von der Gesellschaft das Recht zugesprochen, selbst aktiv zu werden. Es liegt in der Hand der Einzelnen, ob sie diese Möglichkeiten nutzen oder nicht. Ob wir im Laufe eines Lebens irgendwann die Initiative ergreifen oder bei einer Initiative mitarbeiten, weil uns etwas auf der Seele brennt oder nicht. Die Försterin könnte mit ihrem Forstverband aktiv werden und innerhalb weniger Wochen öffentlich auf sich und die

Not des Waldes aufmerksam machen, um in der Gesellschaft Veränderungsprozesse anzustoßen.

Jeder Mensch hat die Möglichkeit, seinen Willen mit anderen zu formulieren, zu bekunden und in einer Volksinitiative zu veröffentlichen. Damit kann jeder den ersten Stein in den großen See der demokratischen Gemeinschaft werfen, der dann seine Ringe zieht. Die Gesellschaft hat dann die Möglichkeit, darauf einzugehen, das Anliegen anzuhören, zu unterstützen oder zu verwerfen.

Mündig sind wir nicht, mündig werden wir. Am Anfang einer neuen Diskussion sind wir alle ziemlich ahnungslos, je mehr wir uns aber mit einer Sache befassen, desto mehr gelingt es uns, eine Urteilsgrundlage zu entwickeln, aufgrund derer wir uns reif genug für eine Entscheidung fühlen. Zum Schluss entscheidet die Mehrheit der Abstimmenden, ob ein Anliegen Gesetz wird oder nicht. Die Entscheidung ist genauso verbindlich wie eine Entscheidung des Parlaments.

Im Grunde ist so ein Abstimmungsprozess eine gesellschaftliche Bildungsveranstaltung. Alle werden zu Kundigen in der Sache und zu Verantwortlichen in der Entscheidung. Was eine einzelne Person anstieß, betrifft am Ende alle.

Übrigens geht es gar nicht immer darum, selbst etwas zu starten. Ja, es braucht Menschen, die sich trauen und die Fähigkeit haben, ein Projekt ganz allein zu beginnen. Aber die Bedeutung von Leadership wird manchmal zu sehr glorifiziert. Genauso wichtig ist der erste »Follower«: Er oder sie erst machen aus einem einsamen Verrückten einen »Leader«. Wenn du mithelfen willst, eine Bewegung oder ein Projekt ins Leben zu rufen, traue dich schon zu Beginn aufzustehen und den oder die Verrückten zu unterstützen, traue dich zu sagen: »Das finde ich gut, da mache ich mit«, bevor alle anderen es tun. Und zeige anderen, wie das geht.[20]

Fällt die Mehrheit immer die besseren Entscheidungen?

Was mich lange beschäftigt hat, ist die Frage nach der »richtigen« Entscheidung in der Demokratie. Denn wir unterstellen ja in der Demokratie, dass die demokratisch gefällte Entscheidung die »bessere« Entscheidung ist.

Bei uns bei *Mehr Demokratie* müssen wir alle grundsätzlichen Richtungsentscheidungen, Kampagnen und Positionen auf der Mitgliederversammlung gemeinsam diskutieren und beschließen. Und die interessantesten Diskussionen sind für mich jene, in denen ich während der Debatte meine Meinung ändere, weil ich neue Argumente höre, die meine bisherige Position infrage stellen. Ich weiß noch, wie wir endlos darüber diskutiert haben, ob es bei Volksentscheiden über Grundgesetzänderungen eine einfache oder eine Zweidrittelmehrheit braucht. Natürlich trägt eine Entscheidung mit einer Zweidrittelmehrheit stärker als eine mit einfacher Mehrheit. Aber ist es auch demokratischer, wenn zum Beispiel »nur« 66,1 Prozent und nicht die notwendigen 66,6 Prozent für eine Verfassungsänderung stimmen? Ist es demokratisch, wenn das fehlende halbe Prozent die Abstimmung scheitern lässt? Demokratisch betrachtet ginge die Abstimmung dann zugunsten einer Minderheit von 34 Prozent aus, obwohl die große Mehrheit anderer Meinung war. **Aber Demokratie ist eben mehr als immer nur die einfache Mehrheit.** Denn eine »qualifizierte« Zweidrittelmehrheit sichert auch den Bestand des Grundgesetzes. Eine Verfassung soll nicht mal so eben mit knapper Mehrheit geändert werden können, sondern idealerweise im Konsens, deshalb eben mit mindestens Zweidrittelmehrheit.

Ich war mal auf einer der regionalen Bürgerkonferenzen, die Robert Habeck als Umweltminister in Schleswig-Holstein organisierte. Die Landesregierung musste im Zuge des Ausbaus der Windparks die Stromtrassen der 380-kV-Höchstspannungsleitungen durch das Land verlegen und suchte die geeignetste Trasse von Norden nach Süden. Da es in der Bevölkerung und bei den Landräten und -rätinnen und Gemeinden auch Widerstand gab, wo und vor allem wie die Trasse durch die Orte und Landschaft gezogen werden sollte, wollte Habeck diesen Prozess nicht ohne die Menschen und schon gar nicht über sie hinweg bestimmen. Also wurden in den betroffenen Gemeinden Überlegungen angestellt, wie und wo die Stromtrasse verlaufen sollte. Entweder oberirdisch mit riesigen Hochspannungsleitungen an Wohngebieten vorbei oder in breiten unterirdischen Kupferbetten. Entweder um den Ort herum oder mitten unter ihm durch. Alle Varianten hatten Vor- und Nachteile. Ich war beeindruckt von der Expertise und dem hohen Niveau, auf dem sich die Einwohner:innen, Bürgermeister:innen und Interessenverbände an der Debatte beteiligten. Hauptdiskussionspunkt war: Die Hochspannungsleitungen waren erheblich kostengünstiger als die unterirdischen Leitungen, die noch dazu auch in der Wartung sehr kostspielig waren. Die unterirdischen Leitungen hatten wiederum viel niedrigere Strahlungswerte als die Hochspannungsleitungen. Robert Habeck ließ sich auf die Debatten mit den Menschen ein. Zog von Gemeinde zu Gemeinde, er war sogar bereit, die Leitungen im Zickzackverlauf durchs Land zu verlegen, Hauptsache, die Umsetzung gelang mit dem Willen der Bevölkerung und nicht gegen sie. Irgendwann sagte er so etwas wie: Es ist zwar wichtig, ob das, was die Experten sagen, richtig oder falsch ist, aber wenn die Bevölkerung mehrheitlich anderer Meinung ist, haben wir ein Legitimitätsproblem. In einer Demokratie versuchen wir, dem Willen der Bevölkerung zu folgen.

Das ist ein sehr klares Demokratieverständnis. Wenn die Mehrheit der Menschen den Erkenntnissen der Wissenschaft – hier zum Beispiel bei der gesundheitlichen Gefährdung je nach Abstand der Leitungen – nicht traut, dann folgt sie im Zweifel lieber ihrer eigenen Einschätzung, und diese Einschätzung ist, was in der Demokratie zählt.

So einfach ist es aber meistens nicht. Wissenschaft liefert selten eindeutige Lösungen für politische Fragen, und Wissenschaft entscheidet nicht, sondern liefert nur die Fakten. Die Suche in der Wissenschaft nach dem besten Argument sowie die ständige Bereitschaft zur Fehlerkorrektur müssen frei von politischer Einflussnahme vonstattengehen. Und der jeweilige Stand der Forschung, so eindeutig er sich auch ausnehmen mag, darf politische Entscheidungen nicht vorwegnehmen. Beispielsweise heizt menschengemachter Kohlendioxidausstoß laut breitem Klimaforscherkonsens den Planeten auf. Was daraus jedoch folgt, ist eine politische Frage. Denn es gibt verschiedene Arten, mit diesem Problem umzugehen. Die Antworten sind weder alternativlos noch zwangsläufig und sollten demokratisch entschieden werden. Schwierig wird es auch dadurch, dass manche Wissenschaftler:innen nicht genau den Trennpunkt zwischen ihrer wissenschaftlichen Erkenntnis und ihrer politischen Meinung markieren. Das ist gefährlich. Eine Wissenschaftshörigkeit führt unweigerlich zur reinen Expertenherrschaft. Dann brauchen wir keine demokratischen Prozesse mehr, sondern können sie getrost den Sachkundigen überlassen.

Aber auch die können fehlerhaft und egoistisch entscheiden. Konsequenterweise könnten wir dann gleich auf künstliche Intelligenz setzen, die uns alle Entscheidungen abnimmt. Sie wird niemals launisch, bestechlich, irrational oder einfach auch nur mal unausgeschlafen sein. So bekämen wir optimale Entscheidungen und eine automatische Rechtsprechung durch superintelligente und selbstlernende Algorithmen. Das ist keine Utopie, sondern so manche Technikgläubigen und Transhumanisten fordern dies tatsächlich ein – lieber Algorithmen als Demokratie. Nur hätten wir dann das Problem, dass künstliche Intelligenz – davon gehen einige aus – ab einem gewissen Punkt nicht mehr zu kontrollieren sein wird.

Der grundlegende Denkfehler liegt aber darin, dass unterstellt wird, es gäbe optimale Entscheidungen im Sinne von »optimal für alle«. Es gäbe also das eine und optimale Gemeinwohl. Aber so etwas gibt es nicht. Denn in einer offenen und vielfältigen Gesellschaft gibt es keine Entscheidungen, die für alle optimal sind. Was die einen für gut erachten, passt anderen nicht. Keine Entscheidung kann für alle gleichermaßen optimal sein. Woher soll die künstliche Intelligenz wissen, was das Gemeinwohl in diesem einen Moment und dann wieder in einem anderen ist? So würden wir uns dem Gemeinwohlbegriff einer Programmiererelite unterwerfen. So faszinierend der Einsatz intelligenter Algorithmen auch sein mag, am Ende kann das Gemeinwohl nur Ergebnis von demokratischen Prozessen sein. **Das Gemeinwohl muss jedes Mal in jeder Sachfrage neu und demokratisch ermittelt werden.**

Ich bin davon überzeugt, dass die Mehrheit einer Gesellschaft – solange sie frei von Angst und Repressalien ist – keine »dummen« Dinge beschließen kann, weil sie sich einfach selbst korrigiert und vor Dummheit bewahrt. **In der Demokratie ist also die Mehrheitsentscheidung erst mal die »richtigere«.** Es kann jedoch auch Fälle geben, in denen die Demokratie zum Nachteil der Demokratie genutzt wird. Man denke nur an die Volksabstimmung in der Türkei im Jahr 2017, die de facto eine Einschränkung der Demokratie und mehr Macht für den Präsidenten zur Folge hatte: Abgesehen davon, dass es hier viele Hinweise auf Wahlbetrug gab, ging dieses Referendum nur mit einer knappen Mehrheit von 51,41 Prozent für die Verfassungsänderung aus. Zumindest schließe ich es nun nicht mehr völlig aus, dass Demokratien auch in der Lage sind, sich selbst abzuschaffen.

Was passiert, wenn in einer Demokratie alle das »Falsche« entscheiden?

Diese Frage ist der beste Anlass, unser Vertrauen in die Demokratie zu hinterfragen. Ist Demokratie unter Umständen nicht erstrebenswert, weil sie »falsche Entscheidungen«

hervorbringen kann? Sollten wir Wahlen und Abstimmungen abschaffen, weil sie die »falschen« Ergebnisse liefern können?

Es ist eine sehr menschliche Neigung, dass wir immer zuerst nach der Gefahr fragen und den größten anzunehmenden Schaden abwenden wollen, bevor wir einer nützlichen Erfindung vertrauen. Aber hätten wir je Fahrradfahren gelernt, wenn wir uns vorher bewusst gewesen wären, welche Gefahren wir damit eingehen, uns blutige Knie und auch mal einen verknacksten Fuß zu holen? Wären wir je in ein Flugzeug gestiegen, wenn wir uns nur von der Möglichkeit, vom Himmel zu fallen, hätten einschüchtern lassen? Ja, es stimmt, wir gehen mit jedem Stückchen Freiheit auch das Risiko ein, sie zu verwirken. Wir gehen mit der Demokratie das Risiko ein, unter Umständen auch »falschen« Entscheidungen den Weg zu ebnen. Wer entscheidet in der Demokratie, was »richtige« und was »falsche« Entscheidungen sind? Die Mehrheit, die Experten, die selbsternannten Besserwisser:innen?

Demokratischer Frieden

Die Geschichte lehrt uns, dass die Demokratie sich auch selbst einschränken oder sogar abschaffen kann. Aber man kann nicht die Demokratie dafür verantwortlich machen, dass eine Gesellschaft die Einschränkung ihrer Demokratie demokratisch beschließt. Durch die Demokratie wird nur sichtbar, was die Gesellschaft will und wo sie steht. Die Demokratie ist ein Spiegel für die Gesellschaft, er offenbart das, was in der Bevölkerung lebt. Wenn einem sein

Spiegelbild nicht gefällt, kann man aber nicht den Spiegel dafür verantwortlich machen.

Trotzdem hat die Demokratie als Regierungsform heute mehrheitlich eine Friedensfunktion. Es ist wissenschaftlich belegt, dass Demokratien mit anderen Demokratien in der Regel keinen Krieg führen. Je mehr Demokratien es also in der Welt gibt, desto stabiler wird der Weltfrieden. Die demokratische Friedenstheorie betont, dass Demokratien zwar untereinander ein friedfertiges Verhalten an den Tag legen, nicht aber immer im Verkehr mit nichtdemokratischen Staaten.

Um aber eine Demokratie vor Angriffen und Einschränkungen zu bewahren, hilft vor allem ein Mittel: die Förderung einer möglichst lebendigen, vielfältigen und nonkonformen Gesellschaft. Vielfältig starke Individualitäten, gefestigte Persönlichkeiten aller Art, freie und unabhängige Menschen, die sich in einer breiten Gesellschaft gut verankert fühlen, sind weniger leicht zu desorientieren, zu instrumentalisieren oder zu manipulieren. Eine starke, freie und selbstbewusste Gesellschaft ist der beste Garant für eine stabile Demokratie.

Die Weisheit der vielen

Es ist schwer, eine schwierige Situation allein zu meistern, und es wird einfacher, wenn mehrere darauf schauen und ihre Sichtweise und Einschätzung dazu beitragen.

Zahlreiche Beispiele aus dem Buch *Die Weisheit der Vielen* von James Surowiecki[21] liefern hier Anregung. Ein Beispiel hat mich besonders inspiriert: Die US-Marine verlor 1968 nach einer Routinetour auf dem Rückweg zum Hafen

Newport News im Nordatlantik ihr U-Boot Scorpion. Die US-Marine kannte nur den Standort des U-Bootes bei seiner letzten Funkmeldung, hatte aber keine Ahnung, was dem U-Boot zugestoßen war. Also begann man im Umkreis von 20 Seemeilen des letzten Funkspruches, das U-Boot wie die Nadel im Heuhaufen zu suchen. Die Suche blieb ergebnislos, bis ein Marineoffizier namens John Craven eine völlig andere Idee hatte. Er stellte ein Team mit einem breiten Spektrum an Kenntnissen zusammen, darunter Mathematiker:innen, Meeresbiologen, Meteorologen, U-Boot-Experten und Bergungsspezialisten. Statt dieses Team nun miteinander beraten zu lassen, ließ er jeden Einzelnen unabhängig von den anderen Experten den aus seiner Sicht wahrscheinlichen Bestimmungsort des U-Boots ausarbeiten. John Craven war klar, dass nicht die einzelnen Einschätzungen die Ortsbestimmung erleichtern würden, sondern erst die Gesamtschau aller Szenarien. Er holte alle Ausarbeitungen zusammen und fügte sie wie ein Puzzle zusammen. Die Position, die sich aus der kollektiven Einschätzung ergab, hatte kein Mitglied im Team angegeben.

Das U-Boot wurde schließlich 75 Meter entfernt von der durch das Team ermittelten Stelle auf dem Meeresboden entdeckt. Bei der Schlussbestimmung des Ortes im Ozean handelte es sich um ein Urteil der Gruppe in seiner Gesamtheit und nicht um die Einschätzung des »Klügsten« unter ihnen. Surowiecki kommentiert diese Geschichte mit den Worten: »Das Erstaunliche an dieser Geschichte liegt darin, dass die Gruppe sich in diesem Fall auf praktisch keinerlei Hinweise stützen konnte, sie hatte lediglich Mini-Bruchstücke von Daten. Keiner hatte Ahnung davon, warum das U-Boot untergegangen war, geschweige denn, wie schnell es fuhr oder in welchem Neigungswinkel es auf den Meeresboden sank. Und doch: Obwohl keinem Mitglied der Gruppe auch nur einer dieser Fakten bekannt war, vermochte die Gruppe als Ganzes sie alle zu ermitteln.«

Kollektive Intelligenz in Gruppen – meine Erkenntnisse

Kollektive Intelligenz bildet sich am besten in divers besetzten Gruppen. Je nonkonformer die Gruppe, desto hilfreicher für den Prozess des Erkenntnisgewinns der gesamten Gruppe. Kollektive Intelligenz ist gerade nicht Schwarmintelligenz, denn in einem Schwarm bewegen sich alle in die gleiche Richtung. Die Mitglieder eines Schwarms sind eher konform als divers.

Grundidee

Die Gruppe ist klüger ist als ihre klügsten Einzelpersonen. Die Weisheit der Gruppe ist mehr als die Summe der einzelnen Beiträge. Jedes Gruppenmitglied erlebt den Prozess als Gewinn in Bezug auf sich selbst, auf die Gruppe und das Ergebnis. Damit sich die Intelligenz entfalten kann, bedarf es bestimmter Voraussetzungen, die den qualitativen Prozess der Gruppe sichern. Nach meinen Erfahrungen im Umgang mit Gruppen empfehlen sich folgende Faktoren:

1. Zuhören

Einander so zuhören, dass das erfasst wird, was für den anderen von Bedeutung ist.

2. Ausrichtung

Die Gruppe muss wissen, warum sie zusammengekommen ist, und muss sich selbst innerhalb des Prozesses immer wieder daran erinnern, warum sie zusammen ist.

3. Polaritäten

Die unterschiedlich erlebten Facetten der »Wahrheit« müssen wertfrei nebeneinanderstehen können. Pole müssen nicht ausgeglichen oder in Kompromisse gefasst werden. Ein Aushalten der Spannung zwischen den unterschiedlichen Positionen ermöglicht die Öffnung für etwas Neues.

4. Neid/Konkurrenz

Auch negative Emotionen wie zum Beispiel Neid, Konkurrenz, Ärger werden klar adressiert, finden ihren Platz innerhalb des Prozesses und werden weder weggedrückt noch negiert.

5. Dialog statt Diskussion

Die Qualität des Gesprächsablaufs ist nicht reaktiv. Niemand muss jemand anderen von seiner Meinung abbringen oder überzeugen. Es zählt nicht die Macht der Argumente. Nichtwissen und eine fragende Haltung sind genauso wichtig. Redetempo rausnehmen und Innehalten bringen Entschleunigung.

6. Neugierde

Neugierde auf das, was man gerade noch nicht weiß, führt zur Quelle des Neuen, des noch nicht Gedachten oder Gesagten. Ist ein guter Vorschlag oder Gedanke im Raum, entwickelt er eine ganz eigene Kraft. Gute und stimmige Vorschläge werden daran erkannt, dass sie nicht lange erörtert werden müssen. Sie fallen wie von selbst an ihren Platz.

7. Selbstverantwortung

Von den Teilnehmenden werden hohe Selbstverantwortung und Impulskontrolle verlangt. Es gilt, die eigene Persönlichkeit weder aufzugeben noch unterzuordnen. Zwischenmenschliches wird nicht außen vor gelassen, es ist Teil des Prozesses.

8. Prototypen statt fertiger Masterpläne

Es wird keinen fertigen Masterplänen gefolgt. Stattdessen werden Experimentierräume ermöglicht. Frische Prototypen werden erstellt, ausprobiert und weiterentwickelt. Wichtig sind Feedbackschleifen und gute Fehlerkultur. Es werden keine Großreformen erarbeitet, sondern kleine umsetzbare Schritte. Trotzdem orientieren sich die Teilnehmenden an der langfristigen und umfassenden Perspektive. Das Gewonnene wird weiter verbessert und veredelt.

9. Psychologische Sicherheit

Die Gesamtkompetenz der Gruppe hängt davon ab, wie sicher sich die Teilnehmenden in der Gruppe fühlen.

Soziale und psychologische Sicherheit entsteht durch das unvoreingenommene Vertrauen untereinander, jenseits von »mögen« oder »nicht mögen«.

10. Kontakt

Innerhalb des Prozesses geht jeder Teilnehmende in Kontakt: mit sich, mit den anderen, mit der Gruppe, mit dem Thema. Je mehr die Einzelnen in Kontakt gehen und sich in Beziehung setzen, desto reicher wird die Erfahrung und die Qualität des Ergebnisses. Das bedingungslose Einlassen auf das, was gerade im Moment ist, ermöglicht die Weisheit des Augenblicks.

Fazit

Kollektive Intelligenz überwindet klassische Ping-Pong- oder Reiz-Reaktions-Muster in der Diskussionskultur, das Gegeneinanderantreten von Personen und Positionen und das Wetteifern derjenigen, die sich am besten bei Unterwerfung oder Überstimmung der Unterlegenen durchsetzen können.

Die verborgene Intelligenz vieler nutzbar zu machen ist seit einigen Jahren das Anliegen diverser Forschungen. Bemerkenswert dabei ist, dass mit der Annahme, dass eine Gruppe intelligenter ist als ihre klügste Einzelperson, ein alter Glaubenssatz transformiert wird: **Gingen wir bisher davon aus, dass der Schlüssel zur Lösung von Problemen nur darin lag, die eine richtige Person zu finden, deren Antwort uns das Problem löst, so suchen wir jetzt nach dem richtigen**

Setting, welches die Gruppenintelligenz am besten fördert. Diese Blickrichtung auf die Politik anzuwenden ist ungewöhnlich und fast schon revolutionär. In der Politik sind wir immer noch auf der Suche nach der geeignetsten, idealsten und intelligentesten Führungsfigur. Wenn wir glauben, sie gefunden zu haben, sind wir bereit, ihr alle Verantwortung zu übertragen.

Der SPD-Abgeordnete Martin Schulz kann davon ein Lied singen, galt er doch als Hoffnungsträger vor der Bundestagswahl 2017. Sein Parteitag wählte ihn am 19. März 2017 mit 100 Prozent (!) zum Parteivorsitzenden als Nachfolger von Sigmar Gabriel und damit zum allseits gewollten Kandidaten. So viele Stimmen hatte zuvor noch keiner gehabt. Ich bin dabei gewesen und war beeindruckt von der Wahl und der Stimmung im Saal, der Jubel war so groß, als hätte man den neuen Messias erkoren. Alle Anwesenden hatten in Erwartung einer neuen Zeitrechnung jenseits der Ära Angela Merkels gestanden. Aber dann: Wie tief musste der arme Martin Schulz fallen, wie sehr alle Hoffnungen zerschlagen werden, die nur auf ihn gerichtet waren, weil die Mehrheit der Wählerschaft ihm nicht folgte?

Ich bin mir sicher, dass sich dieses Führungsdenken in diesem Jahrhundert immer mehr ausläuft und durch ein Teamdenken abgelöst wird. Einerseits gibt es immer weniger große charismatische Führungsfiguren in der Politik, aber andererseits merken die Menschen immer mehr, dass der Glaubenssatz, man müsse nur die besten Führungsfiguren finden, in der Politik überholt ist. Hast du dich schon mal gefragt, warum du vermutlich keinen einzigen Schweizer

Regierungschef aus dem Stegreif benennen kannst, dafür aber den Ausgang mindestens dreier Volksabstimmungen? Das liegt unter anderem daran, dass das Regierungssystem in der Schweiz mehr auf Sach- als auf Personalpolitik ausgerichtet ist. In der Schweiz hat in jeder politischen Entscheidung der Souverän, die Bürger:innen, das letzte Wort. Dort gibt es nicht mal ein Verfassungsgericht, das über das Volk wacht, sondern die Bürgerschaft selbst ist das höchste Organ in deren Staatsaufbau. Ob man das nun gut oder schlecht findet, sei dahingestellt, es ist erst mal ein ganz anderes Demokratieverständnis, das die Schweizer:innen prägt. Führungspersonen stehen mehr im Hintergrund, weil sie weniger Macht und stattdessen mehr koordinierende Aufgaben haben.

Eine weitere Besonderheit der Schweizer Regierung ist, dass Vertreter:innen aller großen im Parlament vertretenen Parteien zusammen in der Regierung sitzen und damit das sogenannte Konkordanzsystem bilden. Das wäre ungefähr so, als würden in Deutschland CDU/CSU, SPD, Grüne, FDP, Linke und die AfD mit am Regierungstisch sitzen. Übergreifend kooperieren, sich mehr im Team an der Sache orientieren als an den Machtverhältnissen – könnte das eine Devise für die Zukunft sein?

Wie es konkret funktionieren kann

Ich erinnere mich noch sehr gut daran, wie der Erfinder der »Planungszelle« (ein losbasiertes Beteiligungsmodell), der Soziologieprofessor Peter Dienel an der Bergischen Universität Wuppertal, mich vor zwei Jahrzehnten zu bearbeiten anfing, doch nicht nur auf die Volksabstimmung zu setzen, sondern auch auf zufällig zusammengesetzte Bürgerversammlungen, um politische Fragen zu beantworten. Damals reichte mein Verständnis noch nicht aus, um die bedeutsame Dimension der Weisheit der vielen zu erfassen. Außerdem wollte ich mich nicht für Beratungsgremien, sondern lieber für verbindliche Entscheidungsstrukturen einsetzen. Heute weiß ich, dass diese Begegnung damals den Funken zündete für das Feuer meiner Begeisterung heute.

Erst viele Jahre später begriff ich, welcher Weisheit er auf der Spur war. Nach dem von ihm entwickelten Verfahren der Planungszelle hat sich zum Beispiel die Thüringer Landesregierung 2016 ein Bürgergutachten für eine Gebietsreform erarbeiten lassen. Eine Planungszelle ist eine Gruppe von mindestens 25 zufällig ausgewählten Menschen, die für drei oder vier Tage von ihren arbeitsalltäglichen Verpflichtungen freigestellt werden, um in Gruppen Empfehlungen zu einer bestehenden Fragestellung zu erarbeiten.

Jeder Tag ist in vier Arbeitseinheiten unterteilt, die jeweils einem thematischen Schwerpunkt gewidmet sind. Die Ergebnisse ihrer Beratungen werden als Empfehlungen in einem sogenannten Bürgergutachten zusammengefasst und den politischen Entscheidungsträgern als Beratungsgrundlage zur Verfügung gestellt. Zwischenzeitlich wurden Dutzende solcher Verfahren durchgeführt.

Deutschland war hier mit der Idee von Professor Peter Dienel also in einer Vorreiterrolle.

Etwa zeitgleich begann der Politologe James Fishkin von der Stanford University in den USA im Jahr 1988 mit den ersten zufällig ausgewählten, den Querschnitt der Bevölkerung abbildenden Versammlungen. In Texas wurde diese Methode als Mechanismus etabliert, um energiepolitische Entscheidungen der Stadtwerke zu unterstützen. Texas war 1996 der US-Bundesstaat mit dem niedrigsten prozentualen Anteil an Windkraft; als das Projekt endete, hatte Texas eine Spitzenposition innerhalb der USA eingenommen. Die Menschen waren bereit, höhere Stromkosten zu akzeptieren, wenn dafür die Windkraft ausgebaut wurde. Seither sind sogenannte »deliberative Meinungsumfragen« weltweit aufgegriffen worden. Sie können den Tenor ermitteln, der auf breite Akzeptanz in der Bevölkerung stößt.

Ich war lange der Auffassung, dass die Möglichkeit, als Bürgerin eine Volksinitiative starten zu können und bis zur Volksabstimmung zu bringen, ausreicht, um die eigenen Ideen gemeinwohlfördernd in die Gesellschaft einbringen zu können. Inzwischen reicht mir das allein neben der Möglichkeit zu wählen nicht mehr aus. Heute interessieren mich die Arbeitsweisen und Entscheidungsprozesse zufällig zusammengesetzter Gruppen, die das Bestehende noch ergänzen können. Am Anfang stand ich ihnen sehr skeptisch gegenüber, wie sollte es uns in schwierigen Fragen weiterbringen, wenn Ahnungslose im Nebel umherirren? Brauchen wir wirklich noch einen weiteren Stuhlkreis? Dann wurde ich eines Besseren belehrt. Ich las die Studien und Forschungen zur verborgenen Intelligenz der vielen, und nach der Reportage von Bastian Berbner über die jüngsten Beispiele aus Irland, wo sich das Parlament in Sachen gleichgeschlechtlicher Ehe und der Erlaubnis zu Schwangerschaftsabbrüchen von einer zufällig ausgewählten Bürgerversammlung beraten ließ, wurde ich neugieriger. Wir wollten Ähnliches auch in Deutschland ausprobieren.

Doch alles der Reihe nach …

Ein Bürgerrat für Deutschland

Zur letzten Bundestagswahl im Herbst 2017 hatten wir von *Mehr Demokratie* mit einem breiten Bündnis die Kampagne »Jetzt ist Zeit: Volksentscheid!« lanciert und 275 941 Unterschriften dafür gesammelt, dass die neu gewählte Bundesregierung Volksentscheide in ihr Regierungsprogramm aufnehmen solle. Wir wussten: Je pressewirksamer und direkter wir diese Unterschriften an die Verhandlungsführenden der neuen Regierung brachten, desto besser. Also zogen wir während der Regierungsbildung mit diesen Unterschriften auf die großen Parteitage und übergaben sie öffentlich den Parteichefs. Alle Parteien mit Ausnahme der CDU hatten sich für Volksentscheide, sei es im Wahl- oder im Grundsatzprogramm der Partei, ausgesprochen, das sei eine große Chance bei den Koalitionsverhandlungen. Auch Seehofer versprach seine Unterstützung, auch ihm übergaben wir vor laufender Kamera die gesammelten Unterschriften. Etwas misstrauisch fragte ich ihn, wieso er so uneingeschränkt für Volksentscheide sei, worauf er erwiderte: »Weil Politik besser wird, wenn man die Menschen beteiligt, das wissen wir aus den Erfahrungen in Bayern mit Volksentscheiden am besten.« Na das war doch mal eine Aussage! Er versprach, sich des Anliegens anzunehmen, und warnte aber vor der Kanzlerin, die Volksabstimmungen bekanntlich kategorisch ablehnte. Schon bei den letzten Koalitionsverhandlungen 2013 soll Angela Merkel sich Sigmar Gabriel gegenüber ablehnend bezüglich Volksentscheiden geäußert haben, als er sie auf den Tisch brachte. Gabriel meinte damals zu Merkel: »Jetzt begraben Sie es doch nicht gleich«, worauf sie trocken erwiderte: »Das muss ich nicht begraben, das war bei mir noch nie lebendig!«

Wie dem auch sei: Wir hatten alles getan, wozu uns die Unterschriften von 275 941 Menschen verpflichtet hatten. Dann, nach langem Fiebern und zig Hintergrundgesprächen, platzten die Jamaika-Verhandlungen, und der endgültige Regierungsvertrag der GroKo zwischen CDU/CSU und der SPD kam zustande.

Mit Neugier lasen wir den Koalitionsvertrag, und dann auf Seite 163 stand der entscheidende Satz: »Wir werden eine Expertenkommission einsetzen, die Vorschläge erarbeiten soll, ob und in welcher Form unsere bewährte parlamentarisch-repräsentative Demokratie durch weitere Elemente der Bürgerbeteiligung und direkter Demokratie ergänzt werden kann. Zudem sollen Vorschläge zur Stärkung demokratischer Prozesse erarbeitet werden.«

Ich kann den Satz heute noch auswendig. Wie manch findige Journalisten richtig bemerkten, ein beachtlicher Satz von der Öffentlichkeit völlig unbemerkt. Wir atmeten auf – der Satz war ein Lichtblick am Horizont. Denn wir wussten, dass im Laufe einer Legislatur nur aufgegriffen und bearbeitet wird, was vorher im Regierungsprogramm vereinbart wurde. Für uns der Aufhänger, in den wir jetzt vier Jahre lang einhaken konnten. Was wir auch taten.

Doch kam alles anders als erwartet. Wir gingen von Tür

zu Tür, von der Justizministerin Katarina Barley bis zum Familienministerium, vom Kanzleramt zu den Regierungsfraktionen, aber wen wir auch ansprachen in den ersten zwei Jahren der Legislaturperiode, immer hieß es, die Zuständigkeit für diese Expertenkommission läge im Innenministerium. Doch genau da, im von Horst Seehofer geführten Innenministerium, bekamen wir nichts heraus. Nicht mal bei dem dafür zuständigen Referat beziehungsweise bei der zuständigen Sachbearbeiterin. Jegliches Nachhaken brachte weder plausible Antworten noch einen Plan für die angekündigte Expertenkommission.

Bis wir eines Tages beim x-ten Telefonat im Innenministerium im Hintergrund eine Stimme tuscheln hörten: »Die Expertenkommission sollen wir doch fallen lassen!« Aha, sehr interessant. Man hielt uns also hin. Vielen Dank für die aufschlussreiche Info aus dem Hintergrund. Ab da wussten wir Bescheid! Was also tun jetzt? Wenn ihr eine Expertenkommission versprecht, aber sie nicht hinbekommt, sollten wir das dann selbst in die Hand nehmen? Wir dachten an die guten irischen Erfahrungen mit gelosten Bürgerversammlungen und überlegten, diese Idee selbst nach Deutschland zu holen. So schmiedeten wir – unterstützt von der *Schöpflin Stiftung* – den Plan, den ersten bundesweiten gelosten Bürgerrat in Eigenregie zu organisieren, um so die Frage aus dem Regierungsvertrag beantworten zu lassen, nämlich »ob und in welcher Form unsere bewährte parlamentarisch-repräsentative Demokratie durch weitere Elemente der Bürgerbeteiligung und direkter Demokratie ergänzt werden soll«.

Nach einer Runde am 16. April 2018 im Amtshaus des

Bundestagspräsidenten Wolfgang Schäuble, zu der ich mit anderen Initiativen und Vertretern und Vertreterinnen der Stabsstelle aus Baden-Württemberg geladen war, um uns über das Für und Wider von Bürgerbeteiligung auszutauschen, bat ich Schäuble um einen extra Gesprächstermin. Wenige Wochen später saß ich bei ihm im Bundestag und unterbreitete ihm unseren Vorschlag, mit *Mehr Demokratie* den ersten gelosten Bürgerrat zu organisieren. Seine Offenheit drückte er in dem einfachen Satz aus: »Ein Versuch isch's wert.«

Also legten wir los und reisten erst mal mit einer kleinen Delegation nach Irland und ließen uns alle Erfahrungen mit der dort genannten Citizens' Assembly erklären. Auch Enda Kenny, bis 2017 und zur Zeit der Referenden Irlands Premierminister, empfing uns. Er kam herein und schüttelte jedem von uns die Hand. Ich werde nie vergessen, wie er vor uns die irische Verfassung hochhielt, mit dem Finger auf sie zeigte und sagte: »Das ist unsere Verfassung! Alle Iren sagen, das ist unsere Verfassung. Und warum sagen sie das? Weil alle Iren über jede Änderung in dieser Verfassung mit abgestimmt haben! Das ist die Grundlage unserer Gesellschaft, das ist die Basis unseres Zusammenhalts!« Was für ein Erlebnis – ich konnte spüren, was es bedeutet, stolz auf seine Verfassung zu sein. **Eine Verfassung, an der alle Menschen mitentscheiden, macht aus einer Gesellschaft eine Gemeinschaft.**

Wir fragten die irischen Organisatoren alles, was wir wissen mussten. Zum Beispiel, wie sie auf die Anzahl von 100 Teilnehmenden gekommen seien? Die Antwort war klar und überzeugend. Die Größe der Versammlung sei unabhängig von der Einwohnerzahl, es sei ähnlich wie beim Fußball, das Spiel findet mit 22 Spielern auf dem Feld statt, egal wie groß das Land ist. Wir wussten noch von Professor Dienel, dass man ab einer Größe von 25 Menschen zu guten Ergebnissen kommt. Irland entschied sich für eine angemessene Größe von 100 Menschen. Frankreich mit seinem Klima-Bürgerrat umfasste 150 Menschen. Wir legten uns für Deutschland auf 160 Menschen fest.

Wir hatten uns mit den professionellen Instituten *nexus* und *IFOK* zwei erfahrene Partner gesucht, die wir mit der Durchführung des Bürgerrats beauftragten. Gemeinsam erarbeiteten wir ein erstes Konzept. Aber wir wussten auch: Jeder noch so erfolgreiche Bürgerrat steht und fällt mit der Befassung seiner Ergebnisse durch die Politik. Wenn sich keiner für die Ergebnisse interessiert, braucht man eigentlich gar nicht erst anzufangen. Also gingen wir erneut auf die Abgeordneten zu. Diesmal suchten wir die Unterstützung aller Fraktionen im Bundestag und waren überrascht: Die Experimentierfreude war groß. Allen voran sprachen sich Ralph Brinkhaus von der CDU/CSU und Andrea Nahles von der SPD, Britta Haßelmann von BÜNDNIS90/DIE GRÜNEN und der Fraktionsvorstand der FDP für unseren Modellversuch aus. Andrea Nahles haben wir den Namen »Bürgerrat« zu verdanken. Als sie im Auto auf dem Weg zu unserem Termin ins Willy-Brandt-Haus war und sich in unseren Unterlagen auf das Gespräch vorbereitete, verstand sie – so oft sie den Text auch las – einfach nicht, warum wir die Bürgerversammlung immer »Bürgergutachten« (der fachlich korrekte Begriff für das Ergebnis derlei Bürgerversammlungen) nannten. »Das versteht doch kein Mensch, kann man das nicht einfach Bürgerrat nennen?« Gesagt, getan! Keine zwei Wochen später war sie weg. Der Name blieb.

Die wichtigste Unterstützung erhielten wir jedoch vom zweiten Staatsoberhaupt, dem Bundestagspräsidenten Dr. Wolfgang Schäuble selbst, der mit einem schriftlichen Grußwort die Schirmherrschaft übernahm. Damit konnten wir leichter die Bürger:innen einladen. Dafür mussten wir zuerst Gemeinden und Städte auslosen. Um eine ausgewogene Verteilung von Stadt und Land zu erreichen, sortierten wir zuerst die 12 000 Kommunen Deutschlands nach verschiedenen Gemeindegrößen. Dann losten wir die Gemeinden aus den verschiedenen Töpfen. Bis dahin wusste ich noch nicht mal, dass es kein zentrales Einwohnermelderegister in Deutschland gab, sondern dass unser aller Meldedaten ausschließlich bei der Gemeinde liegen, in der wir wohnen. Mit nachgewiesenem öffentlichem Interesse durften wir diese dann anschreiben und einladen, wobei nicht alle Angeschriebenen sich zurückmeldeten. Viele warfen den Brief weg, hielten ihn für Fake oder Werbepost. Letztendlich mussten wir fast 4500 Anschreiben verschicken, um genügend Rückmeldungen zu erhalten (und diese 6 Prozent Rücklaufquote sei schon das Doppelte wie üblich, sagte man uns). Aus den Rückmeldungen erfragten wir dann vier weitere Kategorien, nach denen der Querschnitt der Bevölkerung zusammengesetzt werden sollte: Alter, Geschlecht, höchster Bildungsabschluss und Migrationshintergrund. Als wir unsere 160 Mitglieder des Bürgerrats und einen Vorsitzenden, den ehemaligen bayerischen Ministerpräsidenten

Günther Beckstein, gefunden hatten, legten wir los. An zwei Wochenenden sollte sich die Versammlung in Leipzig treffen und beraten.

Vor dem Hotel standen vom Porsche über Polo bis zum Smart auch eine Harley Davidson. Viele der Teilnehmenden reisten auch mit dem Zug an, einer kam sogar mit dem eigenen Motorsegler aus Hamburg angeflogen.

Wir waren alle sehr neugierig, die 160 Gelosten, die 60 Moderierenden, die Journalisten und wir. Als alle den großen Konferenzsaal betraten, war regelrecht zu spüren, wie die gelosten Menschen ihren Mantel des Privaten abstreiften und in die Rolle des Bürgers und der Bürgerin schlüpften, sozusagen bereit, fürs Ganze zu bürgen. Persönliche Herkunft, Interessen, Neigungen und Präferenzen traten in den Hintergrund, mehr Beiträge wurden im Sinne des Allgemeinwohls geleistet. Das war das Erste, was mir auffiel. Zuerst gab es Ansprachen und Vorträge von Experten vor der ganzen Gruppe, dann wurden die Teilnehmenden zu siebt an kleinere Tische gelost, wo sie mit einem Moderierenden und einem Protokollanten in die Diskussion gingen. Einfache Regeln, wie, dass jeder einmal spricht und erst ein zweites Mal spricht, wenn alle anderen was gesagt hatten, sorgten für ausgeglichene Redeanteile der Teilnehmenden. Zuhören und verstehen, was der andere sagt, war wichtiger, als sich gegenseitig ins Wort zu fallen und die Gegenrede abzuhalten. Beraten wurde das Für und Wider von Volksabstimmungen, Bürgerbeteiligung und Lobbyismus. Dann wurde gefragt, diskutiert und Vorschläge gesammelt, gute und schlechte Beispiele wurden ausgewertet, und es wurde überlegt, ob und wie die parlamentarische Demokratie ergänzt und der Bundestag bei seiner Arbeit unterstützt werden kann. Am Ende stimmte die gesamte Versammlung über zweiundzwanzig Vorschläge ab. Sie befürwortete die Ergänzung der parlamentarischen Demokratie erstens durch geloste Bürgerräte, zweitens durch eine Kombination von Bürgerräten mit Volksabstimmungen und drittens durch die Einführung von Volksinitiativen und Volksabstimmungen. Außerdem sprach sich die Versammlung für die Einrichtung einer Organisationseinheit aus, die zukünftig Bürgerräte organisieren soll, sowie für die Einführung eines Lobbyregisters.

Ich beziehungsweise wir alle, inklusive der Journalisten, waren überrascht, denn: Worauf wir bis dahin nur gehofft hatten, war tatsächlich eingetreten. 160 grundverschiedene Menschen hatten an zwei Wochenenden respektvoll miteinander 22 Empfehlungen für die Politik erarbeitet. Das gibt es sonst auch nicht, dass Menschen aus allen Teilen des Landes zusammenkommen und miteinander sprechen. Die Jüngsten waren 16 Jahre alt, die Ältesten Ende 80. Es gab Wessis, die das erste Mal in ihrem Leben einem Ossi gegenübersaßen, und umgekehrt. Andersdenkende begegneten einander und wurden zu Kollegen im Rat. Leise Stimmen wurden hörbar und laute Stimmen leiser. Es war einfach eine unglaubliche Stimmung. Viele Teilnehmende empfanden großes Glück darüber, ausgelost worden zu sein, andere interessierten sich zum ersten Mal wirklich für Politik, wieder andere äußerten erstmalig Verständnis für Politiker:innen und deren Notlage in schwierigen Entscheidungen. Dann gab es noch die Gruppe derer, die angaben, sich jetzt für Politik engagieren zu wollen, sei es, in eine Partei zu gehen, für den

Gemeinderat zu kandidieren oder einem Verband beizutreten. Mir fiel auf, dass in der Versammlung niemand verloren oder gewonnen hatte. Von Anfang an waren alle beteiligt an der Erarbeitung von Vorschlägen, alle Positionen wurden gehört und integriert, alle Teilnehmenden konnten sich in dem einen oder anderen Ergebnis wiederfinden, und alle stimmten am Ende über alles ab. Das heißt, alle blieben vom Anfang bis zum Schluss Teil des demokratischen Prozesses und damit integriert. Es gab am Ende nur Vorschläge, die aus der Versammlung kamen. Das war neu für mich. Bei den vielen Empfehlungen war für jeden etwas dabei, und auch die Gegenstimmen, die erfasst wurden, gaben dem Ergebnis eine Relevanz.

Es ist ein Prinzip der Demokratie, dass auf der Ebene der gemeinsam zu treffenden Vereinbarungen alle Teilnehmenden gleich sind und alle gemeinsam die Spielregeln bestimmen, nach denen sie verfahren. Das schließt das Delegieren von Entscheidungen mit ein.

Es gibt in der Demokratie weder eindeutig richtige noch eindeutig falsche Entscheidungen, sondern mehr oder weniger demokratische Entscheidungen. Eine demokratisch zustande gekommene Entscheidung ist bereits ein Wert an sich, setzt sie doch einen Prozess voraus, der die Entscheidung für alle legitimiert.

Die Qualität einer Entscheidung hängt von der Qualität des Prozesses ab, der zu der Entscheidung führt. Also vom Wie des Entscheidungsprozesses. Faktoren, auf die es bei demokratischen Prozessen ankommt:

- Alle Akteure müssen eingebunden sein.
- Alle Informationen sind einfach zugänglich.
- Alle Perspektiven und Alternativen sind einbezogen.
- Der Prozess ist ergebnisoffen.
- Das Verfahren ist für alle transparent, nachvollziehbar und fair.
- Die Teilnehmenden sollten die Tagesordnung, das Verfahren und den Entscheidungsmodus mitbestimmen können.
- Es ist ausreichend Zeit vorhanden.
- Die Teilnehmenden müssen sich sicher fühlen.
- Zuhören und die Positionen der anderen verstehen ist wichtiger, als sie von der eigenen Meinung zu überzeugen.

Es ist meine Überzeugung, dass Verdrossenheit und Resignation keinen Nährboden finden, solange faire Beteiligungsformen gewährleistet sind. Im Gegenteil, je mehr Möglichkeiten, sich zu beteiligen, zur Verfügung stehen, desto mehr Initiative ergreifen die Menschen und beginnen, ihre Angelegenheiten selbst zu regeln und ihr Engagement für das Ganze einzubringen. **Wenn die Erfahrungen mit demokratischer Teilhabe zunehmen, wachsen auch der Zusammenhalt der Gesellschaft und das eigene Zugehörigkeitsgefühl zur Gemeinschaft.**

Es wird hierbei deutlich, dass eine Demokratie nie ein fertiger Zustand sein kann, sondern permanent von jenen weiterentwickelt werden muss, durch die sie lebt. »Wenn wir aufhören, die Demokratie zu entwickeln, fängt die Demokratie an aufzuhören«, sagt mein Vorstandskollege Ralf-Uwe Beck sehr treffend.

Ein wunderbares Beispiel lässt sich hier aus Bayern

berichten. Als *Mehr Demokratie* dort 1995 die Rechte für Bürgerbeteiligung und den kommunalen Bürgerentscheid eingeführt hatte, gehörte der damals amtierende CSU-Innenminister Günther Beckstein noch zu den größten Gegnern und Bedenkenträgern. Er hegte allerlei Befürchtungen, unter anderem, dass Bayern unregierbar und dass das Oktoberfest abgeschafft würde. Heute, nach über 3200 Bürgerbegehren allein in Bayern und 8400 in ganz Deutschland, ist Günther Beckstein ein überzeugter Anhänger der direkten Demokratie und auch ein großer Verfechter der Einführung bundesweiter Volksentscheide geworden. Er hat Demokratie hautnah erlebt und erkannt, dass das Gegenteil seiner Befürchtungen eingetreten ist. »Die Bürger entscheiden bis auf wenige Ausnahmen mehrheitlich ›vernünftig‹, ›kostengünstig‹, ›verantwortlich‹ und sie engagieren sich. Sie sind kreativ und schließen die Kluft zu den Politikern, wenn sie die Gelegenheit der Einbindung haben«, sagt er heute.

Das Verlangen nach mehr Demokratie ist eine Bewegung, die weltweit immer wieder sichtbar wird und unaufhaltbar scheint. **Das Streben nach Demokratie oder Selbstbestimmung scheint ein Teil unserer Evolution zu sein. Es ist, als ob sich die Gesellschaft selbst aufrichten will.** Nicht jeder zieht sich infolge von Krisen resigniert und gebeugt ins private Leben zurück. Immer mehr Menschen erleben in sich den Mut, sich einzumischen und für ihre Anliegen die Stimme zu erheben. Früher war diese Geste eher von den Studierenden und alternativen Randgruppen zu erwarten, heute ist es der Querschnitt der Gesellschaft, der sich bemerkbar macht, ob Jung oder Alt, Unter-, Mittel- oder Oberschicht. Man rührt sich, wenn das eigene Unrechtsempfinden betroffen ist.

Eine Kultur, die durch und durch demokratisch geprägt ist, entwickelt sich selbst, indem sie sich selbst hervorbringt. Ihre Voraussetzungen sind gleichsam ihre Folgen. Das heißt, das Geheimnis der Demokratie ist die Demokratie selbst. Was morgen das gesellschaftliche Leben bestimmt, bringt die Gesellschaft aus sich selbst schon heute hervor.

Und am Ende sind es dann die leisen Schritte, mit denen wir alle mitgehen können, die die Welt zukünftig verändern werden. Die lauten Trampeltiere, die nur einreißen, was ihnen im Weg steht, werden wenig hilfreich sein.

KAPITEL 4:
Die neue Welt

»Misstrauen ist ein Zeichen von Schwäche.«

MAHATMA GANDHI, PAZIFIST († 1948)

Der rote Faden ist ein Zopf – so flicht sich jedenfalls das Gesagte bis hierher zusammen. Eine Mischung aus persönlichen Erfahrungen, Erkenntnissen, Beispielen und Hinweisen. Doch alles zusammen genommen folge ich einer grundsätzlichen Idee – ich möchte unsere politische Vorstellungskraft herausfordern, ich möchte anregen, das Bekannte zu hinterfragen und das Vertraute zu verlassen. **Ich möchte die Demokratie nicht nur durch mehr Demokratie stärken, sondern die Demokratie selbst in die nächste Entwicklungsstufe begleiten.** Auch den politischen Akteuren wird immer deutlicher, dass das heutige Regierungssystem einer Transformation und unsere Politik einer neuen Kultur des Miteinander statt des ewigen Gegeneinanders bedarf. Ich bin nicht die Einzige, die sich in der Politik nach weniger Konkurrenz und Feindseligkeit und nach mehr inhaltlicher Aussöhnung sehnt. Sämtliche Lebensbereiche verändern und erneuern sich gerade rasant, weil wir und die Gegebenheiten sich verändern. Das Bestehende und Vertraute dankbar zu festigen und zu würdigen hält mich nicht ab, es auch zu hinterfragen. Also folge ich den Fragen, denen ich immer wieder begegne: Wie kann es weitergehen?

Die Evolution der Demokratie

Von der Politikwissenschaft ist hier wenig zu erwarten, weil sie in der Regel nur das Bestehende analysiert, aber nichts Neues hervorbringt. Der Politik können wir diese Leistung nicht auch noch abverlangen, denn sie kämpft sich schon genug für uns durchs Dickicht. Bleibt noch die Zivilgesellschaft oder eben die Bürgerschaft, die sowieso am lautesten Kritik äußert. Unsere Beziehung zur Demokratie können wir nur selbst herstellen und ausbauen. Warum also wir? Weil wir alle Teil einer großen Fortentwicklung, einer Evolution sind, die uns immer weiter vorantreibt.

Diese Evolution folgt einer Richtung, einem Prinzip, wonach wir scheinbar immer mehr zur Ausdifferenzierung, Autonomie und immer höherer Komplexität hinstreben. Unsere Evolution scheint uns in eine bestimmte Richtung zu führen, hin zu mehr Eigenverantwortung, innerer Freiheit und Bewusstsein. Wir haben die Wahl – wir können versuchen, die Zeichen der Zeit lesen zu lernen und uns mit der natürlichen Evolution mitzubewegen und sie sogar nutzbar zu machen, oder wir können ständig gegen sie anstrampeln und versuchen, die Evolution zu ignorieren, zu beherrschen, zu manipulieren oder zu verhindern. Mit Folgen. **Denn**

Krisen entstehen dann, wenn ein nächster Entwicklungsschritt ansteht, aber nicht vollzogen wird.

Ohne Zweifel, gemeinsam mit Kanada, Skandinavien und einigen mitteleuropäischen Ländern hat Deutschland eines der am weitesten entwickelten Regierungssysteme. Unsere Verfassung hat weltweit Vorbildfunktion, und auch deshalb ist es entscheidend, dass und wie wir unser System irgendwann weiterentwickeln. Wie wir mit Krisen umgehen, um aus ihnen gestärkt hervorzugehen. Wie wir uns auf einer Skala der Regierungssysteme weiterentwickeln. Auf dieser Skala finden sich Autokratien, Ein- und Mehrparteiensysteme bis hin zu unserem parlamentarischen System mit der Tendenz zu immer mehr Partizipation. Die nächste Stufe werden wir gemeinsam entwickeln müssen, aber ihre Richtung ist bereits erkennbar:

- Mehr Menschen sollten mehr in wesentliche Entscheidungen eingebunden werden.
- Vieles sollte dezentraler organisiert und gleichzeitig breiter vernetzt werden bis hin zu globaler Verbundenheit.
- Die einzelne Person, mit mehr Kompetenzen ausgestattet, kreiert mit vielen anderen Menschen das Neue.
- Die Stärke einer Gesellschaft zeigt sich in ihrer Gestaltungskraft.

Politik ist der mächtigste Ort in der Gesellschaft. Politik definiert alle anderen Lebensbereiche und beeinflusst, steuert oder reguliert sie. Wie wir miteinander zusammenleben, wirtschaften, uns bilden und unsere gemeinsamen Belange organisieren, wird politisch bestimmt. Politik definiert, wer die Macht hat. Und wer Macht hat, entscheidet, wer was entscheidet.

So wie sich das Verständnis von Arbeit in Organisationen verändert, Personal- und Organisationsentwicklung sich weiterentwickeln und hierarchische Strukturen in Unternehmen zunehmend den Aufgaben und der Wettbewerbsfähigkeit im Weg stehen, so wird sich auch die Praxis in der Politik weiterentwickeln. Ihr wird mehr und mehr eine moderierende und weniger eine nach parteipolitisch opportunen Kriterien durchregierende Rolle zukommen müssen, wenn sie die liberale Demokratie selbst nicht gefährden und das Vertrauen der Menschen nicht noch weiter verlieren will. Aufgaben im Dialog anzugehen, mit einer kooperativen Grundhaltung gegenüber denen, die von den Konsequenzen politischer Entscheidungen betroffen sind, ist ein Gebot der Stunde. Politik in liberalen Demokratien muss im Denken und Handeln ihr eigenes Selbstverständnis leben: offen, transparent, der Gesellschaft zugewandt.

Intention, Energie und Struktur

Die Gestaltungsprinzipien, nach denen sich Veränderung vollzieht, sind überall ähnlich. Am Anfang steht die Intention oder die Idee von etwas, dann folgt die Energie oder Kraft, die der Intention Ausdruck verleiht, und daraus entsteht Form und Struktur. Dieses Prinzip können wir überall erkennen. Zuerst haben wir einen guten Einfall, dann beginnen wir ihn umzusetzen und sehen dann, was aus ihm geworden ist. Bei unseren Volksinitiativen war es nicht anders. Zuerst formulierten wir unsere Idee, dann sammelten wir Unterschriften, und nach der Abstimmung entstand mit dem Ergebnis die neue rechtliche Form. Das Gleiche gilt auch für die Entwicklung politischer Systeme. Die Intention oder Idee des Zusammenlebens wird in eine Verfassung gegossen, welche dann die Staatsstruktur formt.

Dieses Prinzip wirkt nicht nur linear, also aufeinander aufbauend, sondern natürlich auch gleichzeitig. Bestes Beispiel sind wir selber: Indem der Mensch sich selbst entwickelt, seine Persönlichkeit zum Ausdruck bringt, folgt er permanent seiner eigenen Intention, und indem er sich selbst entwickelt, formt er sich nach seiner eigenen Intention immer weiter aus.

Doch was bedeutet das für eine neue politische Kultur? Was ist die neue oder erweiterte Intention, welche Bewegungen folgen aus ihr, und zu welchen Formen und Strukturen kann sie kommen?

Eine Intention, die Angst und Misstrauen durch Vertrauen ersetzt

Unser Bewusstsein bestimmt die Intention. Als unsere Vorfahren die ersten Überlegungen für unseren heutigen Staatsaufbau anstellten, folgte ihre Intention unter anderem dem Bedürfnis nach Kontrolle. Der Aufklärer Montesquieu entwickelte die Theorie der Gewaltenteilung. Die Macht im Staat sollte dreigeteilt werden, um sie vor dem Missbrauch durch den König zu schützen. Regierung, Parlament und Justiz sollten sich gegenseitig kontrollieren.

Die Intention von Schutz und Kontrolle, ein aus der Sorge

geborenes Grundmisstrauen, durchzieht und prägt unseren gesamten Staatsaufbau. Was geschichtlich betrachtet hilfreich und verständlich war, muss heute und in Zukunft nicht mehr zwangsläufig das einzige richtige Prinzip sein. Unser gesellschaftliches Bewusstsein ist gewachsen und mit ihm eine gewisse Reife in Bezug auf Eigenverantwortlichkeit und das Bedürfnis nach mehr Selbstbestimmung.

Wollen wir jetzt unser politisches System weiterentwickeln, sollten wir uns von der prinzipiellen besorgten Haltung und einer gewissen Misstrauensmatrix, aber auch von der Konkurrenzkultur nach und nach verabschieden und uns bewusst für eine neue Ausgangshaltung, eine Grundhaltung des Vertrauens und der Kooperation entscheiden. Rutger Bregman beschreibt dies eindrucksvoll in seinem Buch *Im Grunde gut.*[22] Seine zentrale These lautet: Der Mensch ist nicht egoistisch und schlecht. Die Fassadentheorie, also die Behauptung, der Humanismus sei nur eine dünne Fassade, unsere Zivilisation nur eine fragile Schicht über einem dicken Untergrund aus Egoismus, Boshaftigkeit und feindseligem Naturzustand, sei schlicht falsch. Der heutige Stand der Wissenschaft bestätigt dies. Wenn der oder die andere nicht als Feind oder Feindin, sondern als Mitmensch angesprochen wird, ist Begegnung möglich. Die Menschen sind im Grunde ihres Wesens gut, nämlich mitfühlend und freundlich. Bregman sagt weiter: »Was man bei anderen Menschen erwartet, ist oft das, was man von ihnen bekommt. Wenn man davon ausgeht, dass die meisten Menschen egoistisch, aggressiv und was auch immer sind, dann fängt man an, seine Gesellschaft um diese Idee herum zu gestalten (…)

und man wird die Art von Menschen erschaffen, die man in seiner Theorie voraussetzt.« Ein negatives Menschenbild wirkt also wie eine selbsterfüllende Prophezeiung. Das gilt natürlich auch anders herum: Deshalb ist es so wichtig, sich mit der Frage zu beschäftigen, wie es gelingen kann, eine ganze Gesellschaft auf Vertrauen zu begründen.

Doch bevor wir uns intensiver darauf konzentrieren, möchte ich nochmals einen zentralen Aspekt beleuchten, der gesellschaftlichen Entwicklungen entgegensteht: die Angst.

Verkrustete Angststrukturen nicht zu überwinden ist einer der Hauptgründe für Stagnation in unserem gesellschaftspolitischen Alltag. Wenn Transformation gelingen soll, dann müssen wir uns zuallererst unserer Ängste bewusst werden. Wir müssen uns dafür entscheiden, diese Ängste anzuschauen und sie miteinzubeziehen. Wir können sie nicht ignorieren, denn sie sind ja vorhanden. Furcht weitet nicht, sondern verengt den Blick. Und genau das ist die große Gefahr. Die Angst mit in das Bewusstsein zu nehmen und sie nicht zu verdrängen ist der erste Schritt, sie zu überwinden.

Der Gründer der GLS Gemeinschaftsbank Ernst Wilhelm Barkhoff hat das Zitat geprägt: »Die Angst vor einer Zukunft, die wir fürchten, können wir nur überwinden durch Bilder einer Zukunft, die wir wollen.«

Wie oft verhindert die Angst vor dem, was schlimmstenfalls passieren könnte, auch das, was sich bestenfalls ereignen könnte? Unsere Kultur ist geradezu geprägt vom Sicherheitsdenken, von Kontrollsystemen jeglicher Art. Jede schlechte Erfahrung löst das Bedürfnis nach weiterer Regulierung aus. Unsere Gesetzgeber:innen auf europäischer oder nationaler Ebene sind geradezu Meister:innen darin, fast alle Lebensbereiche durchzuregulieren, selbst wenn auch nur eine »schlechte Erfahrung« vorliegt.

Um ein Beispiel aufzuzeigen: Nach dem Fehlverhalten einzelner weniger Produzenten in der europäischen Käseproduktion wurde kurzerhand eine Hygieneverordnung für ganz Europa verhängt, die alle Käseproduzenten zu potenziellen Täter:innen abstempelte.[23] Mit der Folge, dass Bauern und kleine Höfe ihre Produktionsstätten nicht »vorschriftsmäßig« desinfizieren konnten und damit der neuen Hygieneverordnung nicht mehr entsprachen. Nicht nur zahlreiche Hersteller:innen, sondern ganze italienische Käsesorten, die unsere Gaumen über mehrere Hundert Jahre verwöhnt haben, sind inzwischen verboten beziehungsweise einfach nicht mehr EU-konform herstellbar.

Und mit diesem Beispiel will ich nicht grundsätzlich die Sinnhaftigkeit von Regulierungen infrage stellen: Tatsächlich sind sie per se weder schlecht noch gut, aber es kommt entscheidend auf die Regelungsdichte an. Der gemeinsame europäische Binnenmarkt, so wichtig er gerade für Deutschland als Exportnation ist, hat auch zur Folge, dass immer mehr Vorschriften zentralistisch erlassen werden. Es soll keine Wettbewerbsverzerrungen geben. Gleichzeitig wird zunehmend Unsinniges reguliert, wie im Falle des Käses. Oder dass zum Beispiel Kantinen ihre Essensreste nicht mehr an Schweinezüchter weitergeben dürfen[24] oder dass in jedem Kindergarten die Temperatur während des Essenkochens kontrolliert und dokumentiert werden muss oder die Bäckerin, der Bäcker uns das Brot nur noch mit Plastikhandschuh in die Tüte packen darf. Wir kennen die kleinen Überraschungen des Alltags, wo wir uns nur kopfschüttelnd fragen: Wer hat sich das schon wieder ausgedacht? Hier herrscht das ewige Prinzip der Sorge und Vorsorge, möge im Falle des Falles bloß keiner zur Verantwortung gezogen werden. Das heißt, die Verwaltungsbehörden – gerade hier dominiert das Sicherheitsdenken – orientieren sich oft zu schnell an »vereinzelten« schlechten Erfahrungen. Dann entstehen neue Regulationen, die alle schützen sollen, aber letztendlich die Allgemeinheit drangsalieren, einschränken und manchmal auch echten wirtschaftlichen Schaden anrichten.

Worauf ich hinauswill, ist die grundsätzliche Aktivierung der Ressource »Vertrauen« und »Zutrauen« als Basisstoff für eine gesellschaftliche Transformation, die auf eine neue Zukunft abzielt. Außerdem sollten wir unseren Blick wenden und auf Geschichten des Gelingens richten und diese als Wegweiser nutzen. Wenn wir heute beispielsweise Krankenhäuser nach ihrer Qualität bilanzieren, dann vergleichen wir die Todesraten oder wir orientieren uns an misslungenen Operationen. Warum orientieren wir uns nicht an den Raten des Gesundens? Wo wurden die meisten unvorhersehbaren Komplikationen dennoch gemeistert? Warum sehen wir Abend für Abend in der Tagesschau nur das, was nicht gelingt, anstatt genau jene Berichterstattung zu verfolgen, die Erfolge vorweist? Dieser Blick würde Kräfte mobilisieren, statt zu lähmen oder Ängste zu schüren. Ob das Wasserglas halb voll oder halb leer ist, macht für das Wasser im Glas keinen Unterschied, für unser Bewusstsein ist es aber lebensentscheidend! Es ist bedeutsam, ob wir glauben, an dem halb leeren Glas zu verdursten, oder zuversichtlich sind, mit dem halb vollen zu überleben. Deshalb: Die Wege, Konzepte und Projekterfahrungen des Gelingens müssten die besten Sendezeiten in den Medien erhalten, unser Denken anregen und unser Handeln motivieren. Sich nicht an den schlimmsten Befürchtungen, sondern an den Möglichkeiten des größten Gelingens zu orientieren ist bereits eine der zentralen Ressourcen unserer Gesellschaft. Wo immer wir diese freilegen können, wird die Welt ein Stückchen besser. Die Künstlerin in mir würde sagen, hier geht es um die Verschiebung von Proportionen, von unstimmigen hin zu stimmigeren Proportionen.

Weg von alten Mustern – am Beispiel Corona

Nur mal angenommen: Was wäre gewesen, wenn wir vielleicht ganz anders auf Corona reagiert hätten?

Die Pandemie ist eine Krise, die wir durch und durch mit Kontrolle versuchen zu bewältigen. Wir verhängen Quarantänen, Ausgangssperren, Isolierung, Personentracking, Informationskontrolle, Atemluftkontrolle. Wir desinfizieren, maskieren und schränken unsere Sozialkontakte ein. Versteht mich nicht falsch, all das scheint nötig. Aber all das macht die Pandemie eben auch zu einem geeigneten Gefäß für unsere unterschwelligen Ängste, zu einem Blitzableiter für ein wachsendes Gefühl von Hilflosigkeit angesichts der Veränderungen, die die Welt überrennen.

Was wäre gewesen, wenn wir jetzt nicht an erster Stelle überlegt hätten, welche Einschränkungen der Staat zentral und von oben verordnen muss, um uns vor Covid-19 am besten zu schützen? Wenn wir uns stattdessen daran orientiert hätten, wie wir durch die Pandemie kommen, indem sich der Staat voll auf die Intelligenz seiner Bürgerschaft verließe und diese miteinbezieht, ja geradezu aktivieren würde? Wenn der Staat uns von vornherein zu Mitarbeitenden der Pandemiebekämpfung gemacht hätte?

Klar, auf Bundesebene müssen der Rahmen und die Ziele gesetzt werden. Aber bei der Umsetzung könnten die Verantwortlichen vor Ort viel mehr einbezogen werden. Oft wissen Gemeinderäte, Bürgermeister:innen und Verantwortliche vor Ort besser, was zu tun ist. Sie kennen die Gefahren und Hotspots. Die Regierung hätte die Regionen und Gemeinden bis hin zu Unternehmen und Einrichtungen dazu aufrufen können, *selbst* Konzepte zu entwickeln, welche den Alltag weitgehend unter kontinuierlicher Berücksichtigung der Fallzahlen ermöglichen. Dass dieser Gedanke, den Spieß einfach umzudrehen, funktionieren kann, möchte ich an folgendem Beispiel deutlich machen, das zeigt, wie staatlich zentralisierte Kontrollsysteme in dezentrale Verantwortungssysteme verwandelt wurden.

Von Macht und Kontrolle zu Verantwortung und Vertrauen – eine Geschichte des Gelingens

Die Geschichte des Unternehmens Buurtzorg in den Niederlanden – wie sie von Frederic Laloux in seinem Buch *Reinventing Organizations* beschrieben ist – beginnt mit einem holländischen Krankenpfleger namens Jos de Blok. Jos war Krankenpfleger aus Leidenschaft geworden, aber die Bedingungen im niederländischen Pflegesystem frustrierten ihn, sodass er kündigte. Die Schattenseiten hatten ihn zermürbt: Ein ambulantes Pflegesystem, das sein Personal gnadenlos auf Effizienz trimmt, das zentralistisch organisiert und hoch bürokratisch ist, machte ihn fertig. Jos bekam jeden Morgen einen Zettel in die Hand, auf dem mit minutengenauen Zeitangaben alles stand, was er an diesem Tag zu erledigen hatte. Die genaue Route, die er zu fahren hatte, die exakte Zeit, die ihm zur Verfügung stand, um eine Patientin anzukleiden oder ihr das Frühstück zuzubereiten. Jeder Hausbesuch wurde am Eingang per Barcodescanner registriert und an die zentrale Verwaltung zur Kontrolle weitergeleitet. Sein Arbeitgeber konnte so jederzeit verfolgen, wer schnell, wer langsam arbeitete und wer besonders effizient war. Jos blieb bei der Erfüllung dieser Tagespläne weder Zeit für ein Gespräch mit den zu Pflegenden noch der Freiraum, auf Unvorhergesehenes angemessen zu reagieren. Hatten seine Klienten Wünsche, mussten sie das Callcenter kontaktieren. Mit dem Ziel der Effizienzmaximierung war aus der Pflegeorganisation ein mechanistischer Routinebetrieb geworden, die Mitarbeitenden wurden wie Räder im Getriebe eingesetzt und auswechselt, wenn sie nicht mehr funktionierten.

Jos de Blok stieg aus diesem System aus und erfand ein neues. Das Motto seines neuen Pflegeunternehmens lautete: Wahrung der Eigenständigkeit und Unterstützung der Unabhängigkeit. Das galt sowohl für seine Kunden wie für die Mitarbeitenden. De Blok stellte die Organisationsstruktur der Pflegekräfte radikal auf Selbstorganisation um. Nach dem Prinzip: Jeder darf selbst einschätzen und entscheiden, wie lange er beim Patienten bleibt und was er für die Pflege für angemessen und richtig hält. In kleinen Teams aus vier bis zwölf Mitarbeitenden bildeten sich lokale Pflegeeinheiten, die sich selbstständig organisierten. Sie bestimmten in ihrem Team Arbeits- und Urlaubspläne, Gehaltsaufteilung, Fahrtrouten und Dienstleistungen. Die kleinen Teams trafen sich regelmäßig und fanden mit einer konsensorientierten Entscheidungsmethode gemeinsam Lösungen. Klassische feste Hierarchien und das mittlere Management gibt es bei Buurtzorg in einer dezentralen Teamstruktur nicht mehr, sondern nur noch situative und von allen anerkannte Hierarchien aufgrund von Kompetenz oder Erfahrung.

Buurtzorg setzt auf die Selbstständigkeit der Patienten. Wie können Patienten lernen, einige Tätigkeiten wieder selbst zu übernehmen? Können die Patienten ein Unterstützernetzwerk mobilisieren? Gibt es Familienmitglieder, Freunde oder Nachbarn, die sie besuchen und ihnen regelmäßig helfen können? Die Pflegekräfte klingeln oft bei Nachbarn, um herauszufinden, ob sie sich vorstellen könnten, der alten Frau nebenan in irgendeiner Weise zu helfen. In gewisser Weise versucht Buurtzorg also, sich so weit wie möglich überflüssig zu machen und seinem Namen gerecht zu werden: Buurtzorg bedeutet übersetzt so viel wie Nachbarschaftshilfe. Eine Studie von Ernst & Young[25] kam zu dem Ergebnis, dass bei Buurtzorg im Durchschnitt 40 Prozent weniger Stunden pro Patient:in für die Pflege nötig sind als bei anderen Krankenpflegeunternehmen. Das ist ironisch, wenn man bedenkt, dass Pflegekräfte bei Buurtzorg sich Zeit für einen Kaffee und Gespräche mit den Patienten, Familien und Nachbarn nehmen, während andere Organisationen ihre »Dienstleistungen« minutiös planen und abrechnen.

Jos de Blok startete 2007 mit vier Mitstreitern. Heute hat Buurtzorg in den Niederlanden einen Marktanteil von 85 Prozent. Über 11 000 Menschen arbeiten mit, die sich in 1000 Kleingruppen selbst organisieren. Ohne diese Gliederung in kleine Untergruppen wäre diese riesige, sich selbst organisierende Firmenstruktur so nicht möglich. In den Teamzellen können gegenseitiges Vertrauen und Kompetenz aufgebaut werden, außerdem kann dezentral schnell und flexibel entschieden werden. Misstrauen und Kontrolle zwischen einer fernen Unternehmenszentrale und den Mitarbeitenden sind passé. Die »Zentrale« von Buurtzorg umfasst heute gerade einmal 50 Mitarbeitende, die bei Bedarf als Coaches und Moderierende die lokalen Teams unterstützen oder als Buchhalter:innen für die Pflegekräfte die administrative Arbeit übernehmen.

Wäre Buurtzorg ein Staat, so stünde das Subsidiaritätsprinzip, also das Prinzip, die Entscheidungen auf der niedrigstmöglichen Ebene zu treffen, wohl ganz vorn in der Verfassung. Buurtzorg ist mit seinem auf Selbstorganisation bauenden Modell nicht nur attraktiver für die Gepflegten und Pflegenden, die durch mehr Selbstverantwortung auch mehr Gestaltungsspielräume bei der Arbeit haben, es ist obendrein auch noch kostengünstiger. Die Unternehmensberatung McKinsey berechnete im Jahr 2012 beeindruckende 60 Prozent Kosteneinsparung des Pflegedienstleisters gegenüber der üblich organisierten Konkurrenz. Die Einweisung von Patienten in Krankenhäuser sank gegenüber herkömmlichen Pflegediensten um 30 Prozent. So wurde ein altes, auf Misstrauen, Kontrolle und Sanktionen basierendes Effizienzsystem durch ein neues, auf Vertrauen und Selbstorganisation basierendes abgelöst. Gleich mehrmals hintereinander wurde Buurtzorg zum Arbeitgeber des Jahres in Holland gewählt.

Dieses Beispiel zeigt, wie wir grundsätzlich umdenken können, wenn wir die Verhältnisse, die uns einengen, verändern wollen. **Wir müssen uns nicht innerhalb des vorgegebenen Rahmens optimieren, sondern wir müssen den Rahmen verändern.** Und dazu bedarf es Mut! Mut, eine andere Haltung einzunehmen, Mut etwas Neues auszuprobieren, und Mut, auch mal zu scheitern. Apropos scheitern – auch das müssen wir kultivieren, denn es ist immer auch ein Teil des Erfolgs. Die Kultur des Scheiterns ist in Deutschland immer noch sehr einseitig. In Ländern wie Israel gehört das Scheitern dazu. In Israel beispielsweise trauen Start-up-Investoren jemanden, der noch nie mit einer Geschäftsidee gescheitert ist, eigentlich gar nichts zu. Dort wird Scheitern als Teil der Lernkurve gesehen, und wer Angst davor hat, gilt als unbeweglich und im Zweifel wenig innovativ.

Ein Kern unseres menschlichen Daseins ist, dass wir nach Entwicklung und Selbstbefähigung streben, und genau diesen Kern gilt es zu aktivieren, zu fördern und zu unterstützen. **Wir schließen uns denjenigen gerne an, die uns »empowern«, die uns etwas zutrauen und ermutigen, über uns hinauszuwachsen.**

Vertrauen ist dafür eine Grundeinstellung, auch wenn die Lebenserfahrung zeigt, dass es immer einen kleinen Prozentsatz gibt, der Vertrauen missbraucht. Die Herausforderung ist dann, nicht wegen dieses geringen Prozentsatzes neue harte Kontrollsysteme zu errichten, die dann wieder Einschränkungen für alle bedeuten. Denn erstens stärkt das dann fatalerweise erneut die Misstrauensmatrix, und zweitens kosten ganz praktisch überzogene Kontrollsysteme meist mehr Geld und Energie, als sie an Schäden verhindern.

Wenn unser Bewusstsein durchdrungen ist von einer Gesinnung des Vertrauens und der Zuversicht in die Menschen, dann kann diese Intention das politische System immer weiter demokratisieren. Den Bürgersinn herauszufordern ist das Ziel.

Eine neue Kultur

Wer ein anderes Verständnis in die politischen Abläufe mitbringt, greift zu anderen Handlungsmodellen. Statt recht haben zu wollen, will man jetzt das Bestmögliche. Statt gegeneinander miteinander in die gleiche Richtung. Das Durchsetzen der Ego-Interessen tritt in den Hintergrund, im Zentrum steht stattdessen das Interesse am gemeinsam generierten Wohl aller durch die Intelligenz der vielen. Machtansprüche, gesteuerte Interessen und Meinungsführerschaften sind damit nicht verschwunden, aber sie werden in eine demokratische Prozesskultur integriert. Sie fügen sich ein, anstatt zu dominieren. Was dabei rauskommen kann, wenn ein Politiker oder eine Politikerin diese Prämissen verinnerlicht hat, zeigt folgendes Beispiel: Die Stadt Neckarsulm hat ungefähr 27 000 Einwohner:innen, aber immerhin um die 35 000 Arbeitsplätze. Keine arme Stadt, in Neckarsulm haben Audi, Lidl, Kaufland und Bechtle ihre Führungsetagen sitzen. Als der parteilose Joachim Scholz 2008 auf dem Ticket der CDU für die Oberbürgermeisterwahl kandidierte, fuhr er während des Wahlkampfs mit seinem Cafémobil durch die gesamte Stadt und erkundigte sich bei den Menschen nach ihrem Befinden und danach, was ihnen an ihrem Wohnort fehlte oder geändert werden müsste, damit es »stimmiger« für sie wird. Er hörte vor allem zu und versprach den Menschen im Falle seiner Wahl eine »Zukunftswerkstatt« für die gesamte Stadt. Am 27. Juli 2008 gewann er die OB-Wahl mit 58,8 Prozent und trat im Herbst 2008 sein Amt an. Er hielt Wort und lud die ganze Stadt zu drei Zukunftswerkstätten ein. Das Ganze lief unter dem Motto: »Was brauchst du, um dich in dieser Stadt wohler zu fühlen und hier besser leben zu können?« Doch es begann mit einer Enttäuschung, denn es kamen nur die üblichen Verdächtigen, die bekannten Nörgler:innen und Kritiker:innen, allesamt Stammkundschaft im Rathaus.

Also ging der Oberbürgermeister noch einmal gezielt in die Unternehmen, zum Einzelhandel, zur Jugend, zu den Frauen, zu den Migranten und Senioren und lud sie ein. Jeder durfte seine Wünsche und Vorschläge formulieren und einreichen. Scholz machte auch klar, dass er nicht der Weihnachtsmann sei und alle Wünsche erfüllen könne, dass er aber für jeden, der für seinen Vorschlag brenne, alles tun würde, um ihn bei der Umsetzung zu unterstützen. Nach dieser Ansage fielen viele utopische Wünsche weg, und man machte sich an die Umsetzung. Scholz unterstützte die Jugend bei der Organisation eines Festivals inklusive eines Auftritts ihrer Lieblingsband, den Einzelhandel bei der Verbesserung des Innenstadtkonzepts, die Senioren, Unternehmen und alle anderen bekamen auch Hilfe bei ihren Vorschlägen. Das Ergebnis nach einem dreijährigen Gesamtprozess ließ sich in Zahlen messen. Die Einwohner:innen waren schon zuvor überwiegend zufrieden mit ihrer Stadt, aber nach diesem Projekt stieg die Zufriedenheitsquote auf 96 Prozent, die der Migranten sogar auf 98 Prozent.

Ich habe den Ausführungen von Joachim Scholz mit Staunen gelauscht und ihm eine Einladung in die Staatskanzlei nach Schleswig-Holstein sowie in die Kommunalverbände vermittelt. Ich wollte, dass möglichst viele von seinen Erfahrungen des Gelingens lernen, um selbst neue Anregungen zu bekommen. Sein Prinzip war so einfach wie bestechend: Joachim Scholz hat versucht, sich mit seiner Verantwortung in den Dienst der Bürger:innen zu stellen, statt ihnen seine eigenen Konzepte und Vorstellungen einfach überzustülpen – kurz gesagt: Er tat das, wofür er gewählt worden war. Am Ende hat er hauptsächlich den Prozess gestaltet, vermittelt und Menschen befähigt, ihre Vorschläge und Veränderungen selbst umzusetzen. Er wurde zum Meister von Gestaltungsprozessen, in denen sich die Menschen wiederfanden. Seine Werkzeuge waren die Kommunikation, der Dialog, das Verstehen, Einfühlen und Vermitteln zwischen der Politik des Stadtrates und der Verwaltung.

Das neue politische Führen bedeutet, nicht mehr im Namen der Allgemeinheit Entscheidungen für sie fällen, sondern gemeinsam mit den Menschen Prozesse anzustoßen, die zu Entscheidungen führen. Das gelingt nur jenen, deren Verständnis von Macht sich verändert.

Die Landesregierung Baden-Württemberg hat hier einen Meilenstein in diese Richtung gesetzt. Mit der Wahl des grünen Ministerpräsidenten Winfried Kretschmann zog unter anderem auch die »Politik des Gehörtwerdens« mit in die Regierungszentrale ein. Erstmals in der Geschichte des Landes wurde eine Staatsrätin für Bürgerbeteiligung mit an den Regierungstisch gesetzt. Gisela Erler führte und prägte dieses Amt und die Stabsstelle für Bürgerbeteiligung und Zivilgesellschaft über zwei Wahlperioden, also insgesamt zehn Jahre. Sie hat einer neuen Ära den Weg geebnet. Weil sie mit am Kabinettstisch saß, hatte sie immer die Möglichkeit, bei relevanten Themen die Beteiligung der Bürgerschaft mit anzuregen und einzubeziehen. Natürlich brach in der Ministerriege nicht gleich Jubel aus, doch gab es einige beachtliche Vorhaben, bei denen die Kooperation gelungen ist, wie der Bau einer dringend benötigten Justizvollzugsanstalt. Kein einfaches Projekt für eine Standortsuche mit Bürgerbeteiligung. Nachdem sich der ursprünglich geplante Ort Tuningen per Bürgerentscheid verwehrt hatte, begann die Landesregierung mit der neuen Standortsuche, gekoppelt mit einem breiten Beteiligungsprozess. Von dem Plan der Regierung, ein neues Gefängnis zu bauen, fühlten sich einige Menschen zuerst überrollt und hatten Sorge, übergangen zu werden. Aber durch die frühe Einbindung der Menschen in die Standortsuche und die offene Auseinandersetzung eröffneten sich neue Wege. Am Ende bewarb sich die Stadt Rottweil für den Standort, abschließend wurde die ganze Stadt am 20. September 2015 zur Abstimmung gebeten, bei der sich dann 58,4 Prozent der Bürger:innen in einem Bürgerentscheid für den Standort Esch in Rottweil entschieden. **Es siegte das kluge Zusammenspiel von Parlament, dialogischer Bürgerbeteiligung und direkter Abstimmung.**

Auf einer neuen kulturellen Ebene von Entscheidungsprozessen brauchen wir zweierlei Kompetenzen: Auf der einen Seite ein professionelles Verfahren, und auf der anderen Seite eine gute inhaltliche Moderation. Wenn Sitzungen, Foren, Konferenzen et cetera vorbereitet werden, dann braucht es sowohl das Know-how für soziale Kompetenzen und Methodenkenntnisse wie die inhaltlichen Tagesordnungen. Die Dynamiken, die sich in Gruppen oder zwischen einzelnen Teilnehmenden entwickeln können, müssen genauso integriert werden wie die Kenntnis von kulturellen Verwerfungen, blinden Flecken oder Befindlichkeiten. In der Vergangenheit liegende individuelle oder gemeinsame schlechte Erfahrungen können Prozesse belasten, verhindern oder gar sprengen, wenn keine moderierende Kompetenz da ist, diese zu erkennen und einzubeziehen. Wir kennen das alle: Eine einzelne Person oder auch nur wenige Teilnehmende können eine ganze Gruppe aus dem Gleichgewicht bringen, wenn sie hoch emotionalisiert sind, wenn sie mehr Einfluss nehmen, als angemessen ist. Dann können Prozesse in die Irre laufen, kippen und scheitern. Das Gleiche gilt, wenn sachliche Inhalte nicht vorbereitet und durchdrungen sind oder das inhaltliche Ziel während des Prozesses verloren geht. Dann steht am Ende ein gescheiterter Prozess, der sein Ziel und seine Ergebnisse verfehlt hat.

Der neue Dreiklang: parlamentarisch, direktdemokratisch, partizipierend

Die Erfahrung, dass Politik besser und nicht schlechter wird, wenn die Menschen strukturiert an ihr beteiligt sind, wird sich mehr und mehr durchsetzen und neue Formen der demokratischen Beteiligung hervorbringen.

Im nächsten Schritt gilt es, alle drei demokratischen Elemente vielfältig miteinander zu verzahnen: die repräsentative, die direkte und die dialogische Demokratie, durch Parlamente, Abstimmungen und Bürgerräte. Letztere werden nur bei Bedarf initiiert. Beim Parlament bleibt das größte Gewicht. Sich stetig selbstreflektierend sollen alle drei Elemente immer weiter ausgebaut und sich selbst verbessern können. Demokratie muss in seiner Struktur beweglich bleiben, wenn sie stabil bleiben soll.

Neben all diesen Anregungen gehe ich natürlich davon aus, dass es irgendwann auch eine gute und kluge, rechtlich verankerte Regelung für Volksabstimmungen gibt, idealerweise verknüpft mit Bürgerräten, ähnlich wie es Baden-Württemberg nach der Wahl im Frühjahr 2021 im Koalitionsvertrag vereinbart hat. So sollte es auch auf Bundesebene möglich sein, von unten, aus der Bevölkerung heraus, einen gelosten Bürgerrat zu einer bestimmten Frage zu initiieren. Und zwar nicht, um der Politik Forderungen zu diktieren, sondern um sie durch mehrheitsfähige Lösungsvorschläge zu bereichern.

Dezentralisierung

Wir müssen weg von pyramidalen Strukturen hin zu breiten Vernetzungen sowie sich selbstorganisierenden Systemen und Untergruppen. Mit wachsender Komplexität müssen sich die Bereiche mehr aufteilen und selbst aufstellen.

Schätzungsweise 80 Prozent aller Angelegenheiten, die Bürger:innen mit dem »Staat« in Verbindung bringen, werden auf kommunaler Ebene geregelt – von Baugenehmigungen über Kindergärten bis zu Freizeitangeboten und Umweltschutz. Viele politische Fragen müssen nicht zentral entschieden werden, sondern können stärker lokal oder regional organisiert werden. So werden unterschiedliche Lösungen gefunden, die den jeweiligen Wünschen der Menschen vor Ort besser entsprechen.

Dänemark und die Schweiz sind regelmäßig Spitzenreiter in puncto Zufriedenheit und Glück ihrer Bürger:innen. Eine Gemeinsamkeit in beiden Ländern ist, dass die Musik in den Kommunen spielt. Die Zahlen sind bezeichnend: Nach Angaben der OECD werden in Dänemark zwei Drittel (64 Prozent) aller Staatsausgaben von den Kommunen getätigt, in der Schweiz sind es immerhin noch 56 Prozent. An dritter Stelle liegt Schweden mit 48 Prozent. Dagegen verfügen die Kommunen in Deutschland nur über etwa ein Sechstel (16 Prozent) der staatlichen Ausgaben. Um zu verstehen, wie es dazu gekommen ist, muss man wissen, dass die Kommunen in den beiden vorne platzierten Ländern die Höhe ihrer Steuern selbst bestimmen können. Die Menschen entscheiden bei den Kommunalwahlen oder in einem Bürgerentscheid, wie viel Geld sie ihren Kommunen geben wollen. Dänemark und die

Schweiz haben schwache Zentralregierungen, die nur wenig zu entscheiden haben. Da die meisten Entscheidungen in den Kommunen getroffen werden, haben die Bürgermeister:innen die eigentliche Macht.

Mehr Macht und Geld für die Kommunen wäre eine wesentliche Zielrichtung einer zukünftigen Föderalismusreform in Deutschland. So wäre der gesamte Staatsaufbau mit seinen Kompetenzhierarchien neu zu betrachten vor dem Hintergrund, ob das, was zu entscheiden ist, auch auf der richtigen Ebene entschieden wird. Wir müssen uns heute neu fragen: Was soll wo und mit wem entschieden werden? Ergibt es zum Beispiel nicht viel mehr Sinn, Regelungen, sagen wir im Bereich der Landwirtschaft, nach Regionen und Landstrichen aufzusetzen, als EU-weit die gleichen Agrarrichtlinien durchzuprügeln? Haben nicht Landwirte in Skandinavien ganz andere Sorgen und Bedingungen als die am Mittelmeer?

Demokratie europäisieren und globalisieren

Und gleichzeitig brauchen wir neue, gut ausgestaltete Strukturen, die die Zusammenarbeit aller Staaten regeln, um globale Entscheidungsprozesse besser zu ermöglichen. Die Globalisierung ist unumkehrbar, die Demokratie hingegen ist immer noch überwiegend national organisiert. Deswegen sind wesentliche Bereiche nicht wirklich demokratisiert und unterliegen keiner demokratischen Kontrolle oder Gestaltung, allen voran die globalisierte Weltwirtschaft. Aber es geht weiter: Wer kümmert sich um die Weltmeere, das Klima, die Durchsetzung von ökologischen und sozialen Mindeststandards, Menschenrechte und Frieden?

In der Coronazeit haben wir gelernt, wie sehr weltweite Institutionen, wie zum Beispiel die Weltgesundheitsorganisation (WHO), auf unser Leben Einfluss nehmen. Die WHO ist derzeit nicht demokratisch organisiert. Perspektivisch müssen wir alle globalen Organisationen vollständig demokratisieren und neue Strukturen schaffen. Eine Antwort ist die EU als erste und bislang einzige supranationale Einheit, die unmittelbar Recht in ihren Mitgliedstaaten setzen kann. Deshalb haben wir auch die Verantwortung, sie noch weiter zu demokratisieren. Je größer jedoch eine Einheit ist, desto undemokratischer ist sie zwangsläufig, weil die einzelnen Menschen immer weniger Einfluss nehmen können. Deswegen muss man gut darauf achten, wie viele Kompetenzen ihr von den unteren Ebenen zugestanden werden. Ich denke, es ist falsch, staatliche Strukturen immer größer aufzublasen. Ein Weltstaat oder eine Weltregierung ist keine erstrebenswerte Antwort. Neue passende globale demokratische Institutionen müssen wir erst noch erfinden. Und vergessen wir nicht, dass Parlamente in ihrer heutigen Form auch erst in jüngerer Zeit entwickelt wurden.

Den Staat entlasten – Selbstverwaltung

Viele öffentliche Aufgaben müssen nicht vom Staat entschieden und kontrolliert werden. Vielmehr können politische Aufgaben auch anders übernommen werden. Man könnte ganze Bereiche aus den Staatsaufgaben herauslösen und sie der Selbstverwaltung überantworten. Das Bildungssystem (Schulen, Universitäten) könnte sich in freier Trägerschaft selbst organisieren, der Staat erlässt dazu Rahmengesetze mit Zielvorgaben. Wenn diese dauerhaft nicht erreicht oder gebrochen werden, kann und muss der Staat eingreifen. So könnten sich auch weite Bereiche der Wirtschaft selbst regulieren, allerdings entlässt man den Staat nicht aus seiner Letztverantwortung.

Schon seit Jahrhunderten werden sogenannte »Gemeingüter« (Allmenden) selbstverwaltet bewirtschaftet. Die Nobelpreisträgerin der Wirtschaftswissenschaften Elinor Ostrom hat viele solcher Allmenden untersucht und sich darauf spezialisiert, wie beispielsweise Fischereigründe, Waldbestände oder Bewässerungssysteme (die heutzutage meist unter staatlicher Verwaltung stehen, da sie bei falscher gemeinschaftlicher Nutzung oft übernutzt werden). Ostrom konnte aber zeigen, wie eine effiziente und gute Nutzung dieser Gemeingüter funktioniert, wenn die Nutzer:innen solcher Gemeingüter bestimmte Regeln und Institutionen selbst schaffen können, was eine andere innere Einstellung und eine Art psychologischen Vertrag bezüglich der Einhaltung dieser Entscheidungen schafft. Die einzelnen Bürger:innen können dadurch eher das Selbstverständnis entwickeln: »Ich bin der Staat.« Diese Formen von Selbstorganisation von Gemeingütern auf der ganzen Welt wurden inzwischen nicht nur von Elinor Ostrom untersucht, sondern es wurden Tausende Fallstudien durchgeführt. Elinor Ostrom und ihre Kollegen haben die wesentlichen Prinzipien systematisch erforscht und zusammengefasst:

1. Eine wichtige Voraussetzung ist eine Akzeptanz dieser Selbstorganisation durch den Zentralstaat. Menschen beziehungsweise Nutzer:innen von Allmenden müssen sich zusammentun dürfen und gemeinsam einen Vertrag schließen können, wie sie sich selbst organisieren.
2. Die Akteure und Betroffenen sind an den Entscheidungen durch Mitbestimmungsstrukturen beteiligt.
3. Es gibt klare Grenzen, wer zu der Allmende gehört und wer nicht.

Ferner wurden von Ostrom weitere Prinzipien gefunden, deren Fehlen eine Selbstorganisation scheitern lässt: Sanktionen, so sie denn verhängt werden, dürfen nicht zu hart sein, um nicht die Identifikation der Menschen mit dem Projekt zu untergraben, weil sie etwas zu ungerecht finden. Die Sanktionen müssen also »abgestuft« sein, von leicht bis schwer. Dann braucht es gute Konfliktlösungsmechanismen und einfache Kontrollinstrumente, die sicherstellen, dass Regelbrecher:innen ausfindig gemacht werden. Die Kosten dürfen den Nutzen, den die jeweiligen Beteiligten aus der Organisation ziehen, nicht überschreiten. Und schließlich betont Ostrom noch, dass gerade bei großen Gemeingütern Selbstorganisation nur funktioniert, wenn es Untereinheiten gibt.

Silostrukturen aufbrechen – in die Vernetzung gehen

Die in der Regierung bereits angelegte Vielfalt von heute immerhin schon 14 Ministerien neben dem Kanzleramt wird in der Zukunft vermutlich eher steigen. Die Themen werden breiter, differenzierter und unübersichtlicher. Folgen könnten weitere, vielleicht auch Querschnittsministerien sein, zum Beispiel für Digitalisierung, Nachhaltigkeit, Zivilgesellschaft und Bürgerbeteiligung.

Neben der Vertiefung braucht es gleichzeitig eine intensivere horizontale Vernetzung. Ministerien dürfen nicht wie bisher wie Monolithen oder Silos in sich abgeschlossen nur ihrer eigenen Zuständigkeit nachgehen, sondern sollten sich in Zukunft viel mehr als Knotenpunkte in Querschnittsaufgaben verstehen. Sie müssen untereinander gut vernetzt sein und konstruktiv kooperieren. Konkret heißt das, dass zum Beispiel ein Klimaschutzgesetz nicht nur vom Umweltministerium erarbeitet wird, um dann vom Verkehrs-, Landwirtschafts-, Innen- und Wirtschaftsministerium torpediert zu werden. Ein solch übergreifendes und viele Bereiche betreffendes Gesetz muss von vornherein gemeinsam entwickelt werden.

Parteifarbliche Differenzen müssen in den Hintergrund treten, ein rotes, SPD-geführtes Ministerium darf von einem schwarzen, CDU/CSU-geführten Ministerium nicht ignoriert oder umgangen werden und umgekehrt. Außerdem sind die streng hierarchischen Verwaltungsstrukturen zu hinterfragen. Mehr Durchlässigkeit bezüglich der oberen politisch besetzten Ebenen (Minister:in, Staatssekretär:in und Abteilungsleiter:in) und der unteren Verwaltungsebenen ist unumgänglich. Auf allen Ebenen existiert viel Kompetenz, die nicht gegeneinander ausgespielt werden sollte (ganz nach dem Motto: »Die Minister kommen und gehen, wir bestehen.«), stattdessen sollten die strengen

Verwaltungseinheiten mehr und mehr offenen Teamstrukturen weichen.

Gruppen statt Einzelkämpfer:innen

Ob es klug ist, die Kanzlerschaft weiterhin nur bei einer Person zu belassen, sollte zumindest überprüft werden. Ein Tandem von Annalena Baerbock und Robert Habeck oder Markus Söder und Armin Laschet wäre doch grandios, oder gar ein Tandem aus Annalena Baerbock und Armin Laschet oder Habeck und Söder. Bei meinen Denkanstößen darf gerne geschmunzelt werden – aber Doppelspitzen haben auch einen Charme. In der römischen Republik standen jedenfalls immer zwei gewählte Konsuln an der Spitze des Staates, das Vieraugenprinzip war damals bei politischen Ämtern selbstverständlich. In jedem Fall wird so der Trend »Team statt Chef« aufgegriffen, wie ihn die Grünen bereits für ihre Parteiführung umgesetzt haben, eine Idee, der die SPD schließlich folgte und der andere Parteien vielleicht auch noch folgen werden.

Transparenz

Ein demokratisches Update verlangt auch nach mehr Transparenz. Alle Belange, die im Grunde die Öffentlichkeit und damit das gesellschaftliche Gemeinwohl betreffen, müssten für alle jederzeit einsehbar sein. Hamburg ist hier beispielhaftes Vorbild mit seinem Transparenzgesetz und Transparenzportal[26], auf das jeder Mensch zugreifen kann. Idee und Anstoß dazu kam 2012 durch eine erfolgreiche Volksinitiative unter anderem von *Mehr Demokratie*. Das Parlament hat die Initiative dann übernommen.

Wahlrecht

Mit Blick auf die Wahlen und die zu besetzenden Parlamente müssen wir uns überlegen, wer wie ins Parlament gewählt werden soll. Denn je nachdem führt ein anderes Wahlsystem auch zu anderen Zusammensetzungen. Dass wir zu wenig Frauen im Parlament haben, hängt unter anderem auch damit zusammen, dass wir mit unserer Erststimme den jeweiligen Spitzenkandidaten, die Spitzenkandidatin unseres Wahlkreises wählen. Wir haben 299 Wahlkreise und ein Wahlsystem, in dem nur eine Person pro Wahlkreis direkt ins Parlament gewählt werden kann. Das führt dazu, dass die Mehrzahl dieser Direktkandidaten männlich ist, weil sich in den Parteien eher Männer als Wahlkreiskandidaten durchsetzen und aufstellen lassen. Derzeit haben von 299 nur 59 Frauen ein Direktmandat!

Die restlichen Bundestagssitze werden dann durch die Zweitstimme besetzt. Hier können wir nur die von der Partei aufgestellten Listen wählen, in der Regel sind auch die ersten und sichersten Listenplätze überwiegend von männlichen Kandidaten besetzt. Sollen unsere Parlamente zukünftig anders besetzt sein, müssten wir uns darüber einigen, wie wir die geeigneten Formen dafür finden.

Den Widerstand messen – Systemisches Konsensieren

Einen größtmöglichen Konsens in einem Abstimmungsprozess zu erzielen wäre eine weitere Innovation, die in der
zukünftigen Demokratie eine entscheidende Rolle spielen
könnte. Mit dem Abstimmungsverfahren des Systemischen
Konsensierens,[27] das von zwei Mathematikern entwickelt
wurde und gerade international den Durchbruch erfährt,
wird das möglich. Anders als beim simplen Mehrheitsent-
scheid wird nicht nur über einen Vorschlag abgestimmt,
sondern es werden mehrere Lösungen erarbeitet und zur
Abstimmung gebracht. Das Besondere daran ist: Gemessen wird nicht die Zustimmung, sondern der Widerstand.
Es gewinnt der Vorschlag, der die geringste Ablehnung bei
den beteiligten Akteuren hervorruft. Oder man kann auch
sagen, der Vorschlag, der die Freiheit aller am wenigsten ein-
schränkt. Wenn mehr Vorschläge im Spiel sind, steigt die
Auswahl, und die Möglichkeit zur Polarisierung sinkt.

Ganz praktisch funktioniert es so:

Es gibt die Lösungsvorschläge A, B, C, D. Bei der Abstimmung wird jeder Vorschlag von jedem Gruppenmitglied
mit sogenannten »Widerstandspunkten« bewertet, zum
Beispiel auf einer Skala von null bis zehn. Für jeden der
vier Vorschläge werden zwischen null und zehn Punkte
vergeben, und die Punkte für jeden Lösungsvorschlag werden addiert. Die Lösung mit der geringsten Punktzahl hat
in der Gruppe den geringsten Widerstand und ist einem
Konsens deshalb am nächsten. Die einfachere und schnel-
lere Version beim Abstimmen ist: Zwei Arme hoch entspricht starkem Widerwillen, ein Arm hoch heißt etwas

Widerwillen, kein Arm hoch bedeutet kaum Widerwillen. Man fragt dann zum Beispiel: »Wer hat wie viel Widerwillen gegenüber Variante A?« Kein, ein oder zwei Arme hoch, durchzählen, nächste Variante und so weiter. Oft wissen Menschen besser, wogegen sie sind und nicht wofür. Beim Systemischen Konsensieren wird geprüft, wo die größte Ablehnung vorhanden ist. Entscheidungen, die so getroffen werden, erzeugen höhere Zufriedenheit in der Gruppe und bewirken, dass Lösungen von allen Beteiligten leichter mitgetragen werden.

Solche neuen Überlegungen nur mal hypothetisch in den Raum zu stellen strapaziert unsere Gewohnheit. Sofort springt der Reaktionsmotor in uns an und sagt: »Das geht doch gar nicht«, oder: »Das kann man doch nicht machen.« Dafür habe ich größtes Verständnis, ich habe genauso reagiert, als ich zum ersten Mal davon hörte. So wie ich anfangs auch kopfschüttelnd über ausgeloste Bürgerräte gedacht habe. Aber wenn wir mit festgefahrenen Strukturen unzufrieden sind, dann brauchen wir Mut, Fantasie, Erfindergeist und Experimentierfreude.

Präferenzwahl

Bei mehreren Vorschlägen zur selben Sache könnten noch andere Wahlverfahren zum Tragen kommen. Um das übliche Gewinner-Verlierer-System aufzubrechen, könnte das Präferenzwahlsystem eingesetzt werden. Dabei kann man bei drei oder auch mehr Vorschlägen seine Favoriten in eine Reihenfolge bringen, also Platz 1, 2, 3 und so weiter bestimmen. Das Auszählen ist dann etwas komplizierter, aber das Ergebnis deutlich fairer, wie wir gleich sehen werden.

Das Wahlrecht ist für viele Menschen eines der langweiligsten Themen in unserer Demokratie. Aber kaum etwas hat so weitreichende Auswirkungen. Der spanische Kulturphilosoph José Ortega y Gasset hat es wie folgt auf den Punkt gebracht: »Das Heil der Demokratien, von welchem Typus und Rang sie immer seien, hängt von einer geringfügigen technischen Einzelheit ab: vom Wahlrecht. Alles andere ist sekundär.«

Stimmt das wirklich? Ich denke schon, der Fortgang der Weltgeschichte kann davon abhängen. Vielleicht erinnern sich noch manche an die Wahl des US-Präsidenten im Jahr 2000, bei der sich George W. Bush mit einem Vorsprung von 537 Stimmen in Florida gegen seinen Kontrahenten Al Gore durchsetzte. Abgesehen davon, dass der Wahlausgang bis heute umstritten ist, wird ein Punkt völlig übersehen. Es gab damals noch einen weiteren Kandidaten: Der bekannte Verbraucheranwalt Ralph Nader trat als offizieller Kandidat der Grünen Partei an. Die Stimmverteilung in Florida war damals so:

George W. Bush	2 912 790
Al Gore	2 912 253
Ralph Nader	97 488

Man musste sich für einen Kandidaten entscheiden, nur deswegen konnte Bush gewinnen. Nader hat Al Gore, der sich auch für eine Klimaschutzpolitik einsetzte, sicher mehr Stimmen weggenommen als Bush. Wäre hier ein anderes

Wahlrecht zum Tragen gekommen, hätte die Wahl anders ausgehen können. Ein Wahlrecht sollte die wirklichen Wünsche der Wählenden abbilden. Mit einem Mehrheitswahlrecht, wie es in den USA seit über 230 Jahren angewendet wird, kann es immer nur ein Rennen zwischen zwei Lösungen geben. Das verzerrt die eigentlich in der Gesellschaft lebende Vielfalt und reduziert sie auf zwei einander unversöhnlich gegenüberstehende Lager.

Ein Wahlsystem, bei dem eine Rangfolge angeben werden kann, ist viel genauer. Dann kann man auf dem Stimmzettel ankreuzen, welchen der Kandidaten man am liebsten im Amt haben möchte, welchen am zweitliebsten, falls der erste nicht gewählt wird – und so weiter. Die grünen Wähler:innen hätten dann sagen können, ich will an Nummer 1 Nader, an Nummer 2 Al Gore und dann erst Bush haben. Und Bush hätte mit großer Wahrscheinlichkeit verloren. Ob es mit Al Gore dann auch einen Irakkrieg gegeben hätte, wissen wir nicht.

Mit dem Schrumpfen der großen Volksparteien und der wohl zunehmenden Anzahl kleinerer Parteien stellt sich dann auch die Frage, ob eine Fünfprozenthürde, um ins Parlament zu kommen, noch sinnvoll ist. Eine Reduzierung auf 3 Prozent könnte in Betracht kommen. Damit die Regierungsbildung dadurch nicht unnötig erschwert wird, müsste diese gegebenenfalls neu strukturiert werden (siehe unten). Eine Alternativstimme auf dem Wahlzettel wäre schon jetzt hilfreich. Dann könnten wir unsere Lieblingspartei wählen, und sollte diese nicht die Fünfprozenthürde schaffen, verfällt unsere Stimme nicht, sondern geht auf unsere zweite Wahl über. Und wie wäre es denn, wenn die Wählerschaft auf einem weiteren Wahlzettel auch ihre Lieblingsregierung zusammenstellen könnte? Wer sollte mit wem koalieren und die Regierung bilden? Stellen wir uns mal vor, wir könnten unsere Koalitionspräferenzen abgeben, als empfehlendes Meinungsbild zur Orientierung für die Regierungsverhandlungen. Oder was wäre, wenn wir darüber hinaus auch eine Themenliste bei der Wahl ankreuzen und der Politik mitteilen könnten, welche fünf Themen mit welcher Dringlichkeit sie in dieser Wahlperiode unbedingt bearbeiten sollte? Und zu guter Letzt sollen die Unzufriedenen die Möglichkeit haben, eine Proteststimme abzugeben. Wer keine Partei wählen will, aber kein Nichtwähler oder keine Nichtwählerin sein will, kann so seinen oder ihren grundsätzlichen Protest artikulieren. Dann würden sie nicht im Meer der Nichtwähler:innen untergehen, sondern hätten ihren gebührenden Ausdruck.

Vorsicht, Neuland!

Mal angenommen, wir alle wären aufgerufen, Parlament und Regierung anders zu denken oder neu zu erfinden, auf was könnten wir kommen? Als Gedankenspiel möchte ich mal einige Modelle in den Raum stellen, um deutlich zu machen, dass wir unsere gewordenen Systeme und Strukturen auch anders denken können. Eigentlich müsste dies natürlich in einem breiten Prozess gemeinsam mit den Abgeordneten selbst erarbeitet werden, die vermutlich die besten Ideengeber:innen wären, weil sie die Abläufe kennen und täglich spüren, wo der Schuh drückt.

Parlamentsreform

Die erste Idee wäre, die Inhalte von den Prozessen zu trennen. Dafür wäre ein Demokratisierungs- oder ein Prozesskompetenzzentrum im Bundestag zuständig, eine Kompetenzebene für die Demokratisierung sämtlicher politischer Prozesse. Deren Aufgabe ist vor allem, zu überlegen und zu planen, wie die unterschiedlichen Themen bearbeitet werden. Denn je nach Komplexität des Themas braucht es andere Formen der Bearbeitung. Das Grundprinzip hierbei ist: *Form follows function*, also der Inhalt bestimmt den Prozess.

Ein erster Beginn war in Baden-Württemberg die Idee der Stabsstelle für Zivilgesellschaft und Bürgerbeteiligung. Auf Bundesebene bräuchte es ein Ressort aufseiten der Regierung *und* eine Organisationseinheit im Bundestag. Beide müssten die anstehenden politischen Prozesse immer im Hinblick auf mögliche Demokratisierung und Beteiligung der Bürger:innen begleiten. Sie müssten jeweils die geeigneten Formen der Partizipation vorschlagen und diese auch organisieren.

Die Kompetenz dieser Stellen würde stetig so wachsen, dass sie die Regierenden, das Parlament und die Bürger:innen maximal in ihrer Arbeit unterstützen und entlasten. Denn mal muss ein politischer Prozess die Bevölkerung nur transparent informieren, mal muss die Bevölkerung Stellung beziehen, mal Empfehlungen entwickeln oder Eckpunkte im Vorfeld abgeben, um einen Gesetzgebungsvorgang anzuregen, und mal muss sie die Entscheidungsfindung mit vorbereiten. Aber vor allem würden auch die Prozesse innerhalb der Parlamente und der Regierung verändert werden. Auch das wäre die Aufgabe dieser Demo-kratisierungsstellen.

Damit überhaupt mehr Freiraum entsteht, müssten die Koalitionsverträge sinnvoll eingedampft werden. Die gängige Praxis, auf mehreren Hundert Seiten bereits die Agenda für die kommenden vier Jahre vorzudefinieren, ist nur bedingt zielführend. Man soll lediglich Ziele und Schwerpunkte ver-einbaren und Konfliktschlichtungsmechanismen, wenn man sich in der laufenden Amtszeit darüber nicht einig wird. Je mehr Luft nach oben ist, desto besser. Alle Kompromisse wer-den dann sowieso im Laufe der Regierungsarbeit ausgehandelt.

Parteifarbe beim Eintritt ins Parlament abgeben

Parteien sind Gefäße für unterschiedliche Schwerpunkte und Interessen der Gesellschaft. Parteien sind wichtig, aber nur bis zum Wahltag, ab dann sollte das Parteiinteresse in den Hintergrund treten und damit auch die Abgeordneten entlasten.

Gehen wir von Artikel 38 unseres Grundgesetzes aus, in dem es heißt: »Die Abgeordneten des Deutschen Bundes-tages werden in allgemeiner, unmittelbarer, freier, gleicher und geheimer Wahl gewählt. Sie sind Vertreter des ganzen Volkes, an Aufträge und Weisungen nicht gebunden und nur ihrem Gewissen unterworfen.« Stellen wir uns mal vor, die Abgeordneten wären in der Parlamentsarbeit völlig frei und – wie auch schon heute angelegt – nur ihrem besten Wissen und Gewissen verpflichtet. Dann wäre die Partei-und damit auch die Fraktionszugehörigkeit zwar gegeben, aber bewusst zweitrangig. An erster Stelle stünden die Abgeordneten und die gesamte Parlamentsgruppe aller Abgeordneten. Wie oben beschrieben würde zur Abarbeitung der Tagesordnung zusätzlich ein neutrales Kompetenzteam an die Seite gestellt, eine Gruppe professioneller Moderierender und Prozessdesigner:innen. Dieses Facilitatorenteam würde jeweils damit beauftragt, für die unterschiedlichen Tagesordnungspunkte und Fragestellungen angemessene Entscheidungsprozesse zu designen und durchzuführen. Es sollte die Arbeit des Parlaments und der Abgeordneten prozessual optimieren und jeweils das Bestmögliche aus der Kompetenz des gesamten Bundestags generieren, die maximale Intelligenz der gesamten Gruppe herausfiltern. Die Entscheidungsverfahren würden je nach Inhalt unterschiedlich ausgestaltet sein, ebenso die Meinungsfindung und Debatten. Geschlossene Fraktionsinteressen würden bewusst zweitrangig sein, im Vordergrund stünde die Kooperation in der jeweiligen Sache. Die heutige Praxis, dass ein Vorschlag automatisch abgelehnt wird, nur weil er von der falschen Seite kommt, wäre Vergangenheit. Es gäbe keine Proporzverteilung bei der Redezeit und der Ausschussbesetzung. Und es würden mehr Querschnittsausschüsse zu sich überlappenden Themen gebildet, wie zum Beispiel bei Klimafragen oder zur Digitalisierung. Von Inhalt zu Inhalt kristallisierten sich neue Mehrheiten heraus, die alte Freund-Feind-Logik würde abgelöst. Bei der Parlamentsarbeit würde der gesamte Bundestag mit allen Abgeordneten als die eine gesetzgebende Gewalt betrachtet.

Was passiert dann, wenn sich nicht mehr automatisch nur die Positionen der stärksten Fraktionen durchsetzen, sondern die, die gemeinsam ermittelt und unter Einbeziehung aller Interessen ausgehandelt wurden? Spielen wir das einmal durch: Gesetzt den Fall, eine Mehrheit der Bevölkerung hat sich mit 28 Prozent bei der Wahl für die CDU/CSU ausgesprochen und mit 9 Prozent für die Linke. Natürlich sitzen dann auch mehr CDU/CSU-Abgeordnete nach diesem Verhältnis im Bundestag. In einem Meinungsbildungsprozess, zum Beispiel bei Auslandseinsätzen der Bundeswehr, könnte die CDU/CSU den ersten Vorschlag einbringen. Da die Themen aber selten eindimensional, sondern meist komplexer sind, wäre es in einem gemeinsamen Entscheidungsprozess nicht ausgeschlossen, dass die Linke wichtige Aspekte mit einfließen ließe. Diese könnten berücksichtigt werden, weil keine Fraktionsbarriere mehr im Weg stünde. Das gilt auch umgekehrt, die Abgeordneten der Linken könnten Argumente der CDU/CSU durchaus aufgreifen, die sie in diesem speziellen Fall als hilfreich erachten und sie mittragen. Am Ende stünde ein gemeinsames Ergebnis, in das die Perspektiven aller mit eingeflossen sind. Solch ein Vorgehen würde die einzelnen Abgeordneten stärken und die Entscheidungs- und Meinungsbildungsprozesse zu einem Anziehungspunkt des öffentlichen Interesses machen.

Gesetzgebungsverfahren

Die Kräfte, die heute in der Debatte gegeneinander aufgebracht werden, würden in anderen Prozessen für die Sache einfließen. Wir hätten weniger Streit und Feindseligkeit, dafür mehr konstruktive Auseinandersetzung. Mitglieder des Deutschen Bundestages selbst haben im Buch *NEU-STAAT*[28] über 100 Vorschläge zur Reform von Politik und Staat gemacht, einige betreffen auch das Gesetzgebungsverfahren. Sie fordern zum Beispiel: »Im Gesetz selbst sollte stehen, worin die Ziele und die messbaren Indikatoren bestehen und wie der Erfolg der verpflichteten Behörden gemessen wird [...] Wir wissen selten schon zu Beginn, welche Ziele realistisch sind: Es mangelt an Daten und Forschung, wir wissen nicht, ob andere politische Projekte unsere Ziele konterkarieren, wir zweifeln an der Umsetzung durch Einheiten, die wir selbst nicht steuern, und – auch das gehört zur Wahrheit – natürlich sind auch die Kompetenzen von Politikern für solche Abschätzungen nicht genug ausgebildet.«

Deswegen braucht es eine deutlich evidenzbasiertere Entscheidungskultur, das bedeutet eine sich auf empirische Daten stützende und auf wissenschaftlichen Erkenntnissen beruhende Kultur. Die Herausforderung besteht darin, das unglaubliche Wissen, über das wir mittlerweile als Weltgemeinschaft verfügen, auch für politische (Entscheidungs-) Prozesse nutzbar zu machen. Hanzi Freinacht bezeichnet dies als *Empirical Politics*.[29] Wir brauchen ein grundlegend neues Verständnis, wie für die komplexen Problemstellungen unserer Zeit übergreifende Problemlösungsstrukturen erarbeitet werden. Politische Entscheidungen sollen tatsächlich dem Stand der heutigen Wissenschaft entsprechen und die Ergebnisse und Auswirkungen von politischen Entscheidungen auch regelmäßig überprüft und korrigiert werden, wobei die Verantwortung bei der Politik verbleiben muss.

Um einer Überfülle von Gesetzen und Verordnungen vorzubeugen, könnte man sich überlegen, Gesetze mit einem Verfallsdatum zu versehen. Wenn die Frist eines Gesetzes abgelaufen ist, muss es entweder durch eine erneute Entscheidung verlängert werden, oder es verfällt automatisch. Vor einer Verlängerung wird überprüft, ob das angestrebte Ziel auch erreicht wurde. Dies könnte auch schon zur Halbzeit erfolgen und wäre für viele Gesetze und Verordnungen ziemlich gesund. Eine solche Handhabung würde verhindern, dass Bereiche immer mehr reguliert werden oder alte überholte Verordnungen Handlungsspielräume einschränken.

Die Entstehung von Gesetzen

Das Zitat »Gesetze sind wie Würste, man sollte besser nicht dabei sein, wenn sie gemacht werden« wird Otto von Bismarck zugeschrieben, und er meinte: Die Gesetzgebung ist manchmal so komplex, dass nur noch Eingeweihte sie verstehen können, und selbst die brauchen Monate dafür.

Eine Kostprobe einer Änderung des Handelsgesetzbuches: § 8b wird wie folgt geändert: In Absatz 2 Nummer 9 werden die Wörter »§§ 2c, 15 Abs. 1 und 2, § 26 Abs. 1, §§ 26a, 29a Abs. 2, §§ 30e, 30f Abs. 2, § 37v Abs. 1 bis § 37x Absatz 2, §§ 37y, 37z Abs. 4 und § 41« durch die Wörter »§§ 5,26 Absatz 1 und 2, § 40 Absatz 1, den §§ 41, 46 Absatz 2, den §§ 50, 51 Absatz 2, § 114 Absatz 1 bis § 116 Absatz 2, den §§ 117, 118 Absatz 4 und § 127« ersetzt. So geht das dann seitenweise.

Um dies zu vereinfachen, schlagen die Abgeordneten im

Buch *NEUSTAAT* vor, dass der politische Inhalt, also was das Gesetz erreichen soll, getrennt wird vom juristischen Text, also wie das Gesetz dann am Ende formuliert wird. Zuerst wird nur der Inhalt im Parlament debattiert und als Eckpunktepapier beschlossen. Im Anschluss daran formuliert ein juristisches Expertengremium daraus einen Gesetzestext. Es achtet darauf, dass der Wille des vom Parlament beschlossenen Eckpunktepapiers sich exakt im Gesetzestext wiederfindet.

Und noch eine weitere Veränderung steht an: Der Gesetzgebungsprozess soll digitalisiert und damit nachvollziehbar und transparent gemacht werden. Professor Dr. Stephan Breidenbach testet dies heute schon in Zusammenarbeit mit dem Bundesjustizministerium im Projekt »Mit Methode zum ersten Entwurf eines Gesetzes«. Breidenbach hat insgesamt 25 idealtypische Schritte definiert, die ein Gesetz durchläuft. Das geht nicht nur ein Schritt nach dem anderen, sondern es sind auch wichtige Feedback- und Lernschleifen drin. Wir nennen dies einen »legislativen Fußabdruck«. Dadurch kann man nicht nur verstehen, wie ein Gesetz entsteht, sondern auch genau nachvollziehen, wer an welcher Stelle welchen Einfluss hatte. Dieser ganze Gesetzgebungsprozess wird mit einer speziell dafür entwickelten Software gestaltet. Damit können Gesetze wie mit Legobausteinen regelrecht konstruiert und designt werden. In der nächsten Ausbaustufe kann dann an bestimmten Punkten der Prozess für Bürger:innen und interessierte Juristen geöffnet werden. So könnten Hunderte von freiwilligen Bürgerexperten an der Gesetzgebung mitarbeiten, ohne dass die Verwaltung damit überfordert ist.

Das Parlament als Ganzes stärken

All das führt dann dazu, dass das Vertrauen der Wählerschaft nicht nur den gewählten Parteien, sondern auch
einzelnen Abgeordneten wie dem ganzen Bundestag entge-
gengebracht wird. Das Parlament als Ganzes würde an Wertschätzung gewinnen. Die parlamentarische Segmentierung
würde durchlässiger zugunsten von Inhalten, die einzelnen
Abgeordneten wären in ihrer Arbeit und Position gestärkt.
Mit einem solch offenen System wäre der Fraktionszwang,
den es rechtlich sowieso nicht gibt, beschränkt, die jeweilige
neue Verbindung in der Sache gewährleistet und Machttak-
tiken weitgehend außen vor. Es wäre nicht wie heute üblich
schon vor Debatte und Abstimmung anhand der Mehrheitsverhältnisse klar, was am Ende rauskommt. Wir bekämen
ungewöhnliche Allianzen und Koalitionen in der Sache statt
Koalitionen entlang der Parteicouleur.

Welche Partei sich am Ende durchsetzt, spielt gar keine
Rolle, denn die gesamte Gruppe kommt zu einem Ergebnis,
an dem sie selbst beteiligt war. Es zählt die Gruppenkom-
petenz. Natürlich könnte sich die Gruppe auch Experten-
meinungen oder Rat und Empfehlungen durch Bürgerbeteiligung einholen. Aber am Ende sollte das Parlament, die
gewählte Legislative, abstimmen. Die Tatsache, dass die
Intelligenz *aller* Mitglieder des Bundestags in die Bildung
und Formulierung des Gesetzes mit eingeflossen ist, stellt
sicher, dass auch die gesamte Wählerschaft sich vertreten
fühlt.

Einen Schritt weiter: eine Regierungsreform

Ich habe festgestellt, dass viele Menschen in der Bevölkerung davon ausgehen, dass der Bundestag und alle gewählten Parteien unsere Regierung seien. Sie sind dann völlig überrascht, wenn sie hören, dass die Regierung zurzeit nur von zwei Parteien gebildet wird, die dann aber zu 100 Prozent über vier Jahre das Sagen haben. Dieser weit verbreitete Irrtum regte mich an, Regierung auch mal anders zu denken. Nämlich so, wie man Regierung aus demokratischer Sicht auch verstehen kann: Alle sitzen an einem Tisch und bestimmen, was passiert.

Tatsächlich könnten wir diesen Gedanken einmal zu Ende denken und ein System einer Gemeinschaftsregierung ersinnen. Stellen wir uns mal vor, alle ins Parlament gewählten Parteien wären gleichzeitig an der Regierung beteiligt. Dann würden alle derzeit im Parlament vertretenen sieben Parteien (inklusive der CSU) gemeinsam die Regierung bilden. Es säßen Mitglieder aller Parteien mit am Regierungstisch. Und die Ministerien wären ebenfalls jeweils von Vertreter:innen aller Parteien als Ministerteams geführt. Es wäre auch denkbar, dass diese Besetzung nach proportionaler Parteistärke besetzt wäre. Damit wäre gewährleistet, dass alle in der Gesellschaft vertretenen Interessen immer auch mit in der Regierung repräsentiert wären. In diesem Modell sähen die Verhandlungsprozesse dann auch im Bundestag komplett anders aus, da es in dem Sinne keine Opposition gäbe, denn diese wäre ja mit in der Regierung. Ein ähnliches System gibt es in der Schweiz mit dem Konkordanzregierungssystem, aber auch bei uns wurden früher einige Städte oder Kommunen so regiert wie zum Beispiel die Hansestadt Lübeck. Auf diese Weise könnten wir die Machtstruktur von Regierung und Opposition aufbrechen und die chronische Polarisierung und Spaltung überwinden. Gewonnen wäre auch eine bessere und stärkere Profilierung der Parteien. Denn keine müsste sich der anderen gleich und gleicher machen, um in der Wählergunst umfassendere Chancen zu haben. Die Parteien würden nicht mehr zunehmend mit nur durchwachsenem Erfolg in die Mitte der Gesellschaft rücken müssen, so wie wir das heute erleben.[*]

Doch selbst wenn wir unsere bestehenden Strukturen nur einmal neu betrachten und sie nach ihrer Sinnhaftigkeit überprüfen, also das Bestehende mit unserem sich immer weiterentwickelnden Bewusstsein abgleichen würden, wäre das schon ein Gewinn.

Im Großen und Ganzen bedürfte es eines neuen Verständnisses von Macht und Machtverteilung. Die alte Maxime einer zentralen Machthierarchie wird hoffentlich über kurz oder lang überholt sein. Einerseits werden sicher jüngere Generationen zu neuen Organisationsstrukturen der Macht drängen, die eher zu dezentralen Kompetenzstrukturen tendieren, andererseits wird die Fülle der Themen, ihre Komplexität und Ausdifferenzierung neue Organisationseinheiten erfordern.

---

[*] Die Grünen wollen in die Regierung, also müssen sie in ihrer Programmatik auch mehr Wirtschaftsinteressen bedienen, um in der Wählerschaft breitere Akzeptanz zu gewinnen. Umgekehrt muss die CDU/CSU, die an der Macht bleiben will, inhaltlich die Themen der Konkurrenz aufnehmen und schreibt sich mehr und mehr die Umweltpolitik auf die Fahne.

Dabei gilt als demokratischer Anspruch: Je weitreichender eine Entscheidung für die Gesamtheit ist, umso mehr Menschen müssen in die Entscheidungsfindung eingebunden werden. Heutige Politik tendiert eher in die andere Richtung: Je grundsätzlicher die Entscheidungen sind, desto weniger Menschen sind an ihnen beteiligt. Zu glauben, dass das die Entscheidungsprozesse unglaublich in die Länge zöge, ist ein Irrtum, am Ende wären sie deutlich effizienter und effektiver, weil die Ergebnisse umfassender, weniger angreifbar und konsensorientierter wären.

Wie auch immer der demokratische Spürsinn sich hin zu einem Mehr an Demokratie weiterentwickelt, und wie die Gesellschaft ihrem Wunsch nach mehr Beteiligung nachkommt, ein tieferes demokratisches Bewusstsein wird sich seine strukturellen Wege ebnen, um zu einer höheren Zufriedenheit im Sinne aller Menschen zu gelangen.

Veränderungen gelingen, wenn die richtigen Bedingungen vorhanden sind

Jede Gesellschaft lebt in den jeweiligen Strukturen ihres Bewusstseins, weshalb die Demokratien auf der Welt auch alle sehr unterschiedlich entwickelt oder ausgestaltet sind. Alle Gesellschaften befinden sich in der Entwicklung und nehmen kontinuierlich Einfluss auf die Verhältnisse, die sie umgeben. Aber zu glauben, man könne einen Entwicklungsschritt einer Gesellschaft von außen beeinflusst überspringen, ist problematisch. Es nützt kaum etwas, autokratische Strukturen einfach einzureißen oder gar niederzubomben in der Hoffnung, sie durch Demokratien zu ersetzen, wie das im Irak oder Afghanistan versucht wurde. Die Strukturen müssen dem sich entwickelnden Bewusstsein einer Gesellschaft folgen, sonst ist alles nur ein Übergriff von außen, der sich am Ende destabilisierend auswirkt und Platz für noch radikalere Kräfte schafft. Sich damit zu rühmen, dass im afghanischen Parlament mehr Frauen säßen als im deutschen, bringt nicht viel, solange die Mädchen und Frauen vielerorts nicht am öffentlichen Leben teilnehmen dürfen. Selbst in der Parlaments- und Regierungsarbeit können diese Frauen nur in Begleitung ihrer Männer oder Brüder an den Sitzungen teilnehmen. Ihre Beiträge werden prinzipiell, aus der herrschenden Kultur heraus, als zweitklassig behandelt. Ein Land von heute auf morgen nach unserem Vorbild zu demokratisieren ist nicht möglich, wenn landesweit zwei Drittel der Mädchen nicht zur Schule gehen. 62 Prozent der Frauen in Afghanistan sind Analphabetinnen, 70 bis 80 Prozent von ihnen werden zwangsverheiratet (oft noch vor dem 16. Lebensjahr), und 80 Prozent aller Suizide im Land werden von Frauen begangen.[30] Mal ganz abgesehen davon, dass inzwischen mehr als die Hälfte des Landes schon wieder unter der Herrschaft der Taliban steht. Will man anderen Ländern auf deren »eigenen« Wunsch bei der Demokratisierung helfen, kommt man nicht umhin, an die im Land verankerten Strukturen anzuschließen und diese dabei zu unterstützen, sich in die nächste Ebene zu transformieren.

Wer eine Gesellschaft stabilisieren und vor der Instrumentalisierung durch radikale Kräfte oder auch vor Populisten schützen will, der muss alles tun, um die Individualität der Menschen zu stärken. Jeder einzelne Mensch, der sich ausbilden kann, sein Selbstbewusstsein und Selbstwertgefühl entfalten kann, der in sich ruht aufgrund seiner eigenen äußeren und inneren Stabilität, lässt sich nicht leicht von der einen oder anderen Stimmung verunsichern oder einfangen. Eine Gesellschaft erhält ihre Kraft und Stärke durch ihre einzelnen Akteure. Weshalb es unverzichtbar ist, alles zu unternehmen, um vielfältigste Aus-, Weiter- und Persönlichkeitsbildung für jeden zu ermöglichen. Die individuelle Förderung der Menschen muss immer im Fokus stehen, dann kann eine ganze Gesellschaft über sich hinauswachsen.

Wie auch immer wir die nächsten Stufen unserer Entwicklung erklimmen, mit und in einzelnen Menschen und Vorreiter:innen kündigt sich das Neue und Zukünftige an. Manche gehen davon aus, dass Evolution sich immer sprunghaft fortsetzt. Das mag am Ende so aussehen, weil die Vorbereitungen sich eher im Verborgenen ankündigen. Selbst der als sprunghaft erlebte Mauerfall 1989 war die Folge eines lange in der Gesellschaft gewachsenen Unmuts und eines Staatsmanns wie Michail Gorbatschow, der die friedliche Revolution gewähren lassen hat. Trotzdem: Noch einen Tag vor dem Mauerfall hätte sich niemand wirklich vorstellen können, dass er möglich ist. Die Gegenwart scheint immer unveränderlich, dabei ist sie der einzige Moment, auf den wir gestaltend Einfluss nehmen können; umso wichtiger ist es, dass wir zusammen, im Hier und Jetzt, für Veränderungen offen sind.

Taiwan – Digitalisierung und Demokratie

So utopisch sich manche meiner Vorschläge anhören, sie sind es nicht. Wie man mutig neue demokratische Wege einschlagen kann, können wir vom Inselstaat Taiwan lernen, vor allem wie dort Digitalisierung und Demokratie verbunden werden.

Taiwan gehört zu den jüngeren Demokratien in der Welt. Das Land mit seinen 24 Millionen Einwohnern und Einwohnerinnen hat sich zwar schon seit 1949 unabhängig von China entwickelt, doch seine erste freie demokratische Wahl erlebte es erst 1992. Seitdem mausert sich Taiwan zum Reallabor für neue demokratische Prozesse. Neben der seit zwölf Jahren bestehenden Möglichkeit, Volksabstimmungen durch die Bevölkerung initiieren zu lassen und damit auf eine ganze Reihe guter Innovationen blicken zu können, geht Taiwan vor allem in der Digitalisierung völlig neue Wege. Das heutige Taiwan zeigt uns, wie wir die Digitalisierung für die Demokratie nutzbar machen können. Was dort in Taiwan gelungen ist, hat zu großen Teilen mit ihr zu tun: Audrey Tang, die derzeitige Digitalministerin von Taiwan. Ihr Weg dahin war eher ungewöhnlich: Schon mit acht Jahren schrieb sie ihr erstes Computerprogramm. Mit 14 beschloss sie, dass das Internet ihr ein besserer Lehrmeister ist, sie brach die Schule ab und brachte sich von da an autodidaktisch alles bei. Mit 19 Jahren hatte sie schon in verschiedenen Software-Unternehmen gearbeitet, unter anderen bei Apple im Silicon Valley. Seit jungen Jahren als »Civic Hackerin« aktiv für eine menschlichere Politik, gelangte sie als Teil der studentischen Sonnenblumen-Bewegung im Jahr

2014 endgültig ins Epizentrum des politischen Geschehens. Aus Protest gegen ein weitreichendes Handelsabkommen mit China hatten Audrey Tang und andere Studierende das Parlament besetzt, eine Demonstration im wahrsten Sinne des Wortes. Denn sie besetzten das Parlament, um von dort der Gesellschaft zu demonstrieren, wie echte Deliberation aussehen kann. Zwei Jahre später wurde sie mit 35 Jahren die jüngste Ministerin Taiwans und hat seitdem die Aufgabe, zwischen den Welten zu vermitteln: zwischen der alten und der jungen Generation und zwischen der Regierung und der Bevölkerung.

Tang verkörpert einen völlig neuen Typus von Politiker:in. Sie beschreibt sich selbst als Anarchie-Ministerin, die keine Befehle befolgt, aber auch keine ausgibt. Sie arbeitet nicht für die Regierung, sondern mit der Regierung. »Ich bin keine Ministerin für eine bestimmte Gruppe, und meine Aufgabe ist es auch nicht, staatliche Propaganda zu verbreiten, ich sehe mich als Transformerin, die es ermöglicht, dass die vorhandene Intelligenz und Fähigkeiten in einer Gesellschaft sich zu etwas Größerem Zusammenfinden.«[31]

Die von der Gesellschaft gemeinschaftlich entwickelte demokratische Technologie ist laut Tang dazu da, die Menschen zu befähigen mitzugestalten. Voraussetzung dafür ist Transparenz von Regierungsseite und Vertrauen der Regierung in seine Bevölkerung. Tang fordert, dass die Regierung zunächst den Menschen zu 100 Prozent beim Agenda-Setting vertraut, dann können die Menschen dafür sorgen, dass Demokratie funktioniert.

Humor gegen Fake News

Eins ihrer Ziele ist es, die schwer verständliche Regierungssprache für die Menschen angemessen zu übersetzen. In jedem der 32 Ministerien gibt es ein Team aus Partizipationsbeauftragten, insgesamt fast hundert Mitarbeitende. Sie scannen ständig die sozialen Medien und arbeiten mit aufkommenden Hashtags. Wann immer Fake News Fahrt aufnehmen, entwickeln sie ein Info-Meme*, um dem entgegenzuwirken. Ihr wichtigstes Werkzeug dabei ist der Humor! So arbeiten für die Regierung eine Reihe professioneller Comedians, die innerhalb von zwei Stunden Internet-Memes zu wichtigen Inhalten erarbeiten und als Kommunikationstool nutzen. Sie können so zum Beispiel Verschwörungstheorien oder Falschinformationen klug und charmant in den sozialen Medien begegnen, dass aggressive Reiz-Reaktions-Muster in der Kommunikation gar nicht erst aufkommen. »Humor over Rumor« ist das dahinterstehende Prinzip, und es ist begründet in Taiwans schmerzhaften Erfahrungen mit einem autoritären Regime, das noch nicht lange zurückliegt. Zensurvorwürfe sind deswegen in Taiwan ein heißes Eisen. Dennoch kann man Fake News und Verschwörungstheorien nicht das Parkett überlassen. Es galt also, eine Emotion zu

---

* Der Begriff Memes lässt sich recht schwer ins Deutsche übersetzen; im Endeffekt handelt es sich dabei lediglich um ein Phänomen, das viele Menschen erreicht und so für die kulturelle Einheit der Menschen sorgt, denen das Phänomen bekannt ist. Ein sehr bekanntes Beispiel für ein Meme ist der Song und Tanz Gangnam Style. 2012 war es ein Trend, den Tanz nachzuahmen und davon Videos ins Netz zu stellen. Sogar Stars wie Madonna ließen sich zu dem Spaß hinreißen.

finden, die sich schneller verbreitet als Empörung, und das ist der Humor.[32]

Zusammen mit der Civic-Hacker-Gemeinschaft startete Tang außerdem das Projekt »g0v« (sprich: gov zero). Es besteht darin, für alle offiziellen Webseiten der Regierung eine sogenannte Schattenseite zu erstellen, die man ganz einfach erreicht, indem man bei den offiziellen Internetseiten das o von gov in eine Null umwandelt. Dort befinden sich die gleichen Inhalte wie auf der offiziellen Seite, nur viel zugänglicher und schöner aufbereitet. Der verwendete Code dazu war Open Source, sodass – wie bei Wikipedia – viele daran mitarbeiten konnten. Die so kreierten Seiten werden oftmals wenige Zeit später dann zu den offiziellen Seiten, weil sie einfach häufiger besucht werden.

Eine Plattform zur Erschaffung eines virtuellen Gemeingutes

Ein zentrales Kernelement, um den Einfluss der Menschen auf politische Entscheidungen zu verbessern, ist die digitale Plattform vTaiwan.[33] Mehr als die Hälfte der Bevölkerung hat die Plattform schon besucht. vTaiwan ermöglicht öffentliche Deliberationsprozesse, um Gesetzgebung anzustoßen oder zu verbessern.

Mit 5000 Unterschriften können Bürger:innen ein Thema für die Agenda vorschlagen. Mit verschiedenen Methoden wird dann daran gearbeitet, ein Gemeingut zu erschaffen. Dieses besteht in einem »rough consensus«, also einem groben Konsens, der von möglichst vielen Gruppen getragen wird. Dabei geht es nicht um die perfekte Lösung, sondern um einen Ansatz, mit dem alle leben können. Dafür ist Systemisches Konsensieren sinnvoll, die Abstimmungsmethode, die Widerstände misst anstatt nur Zustimmung.

Die Methoden sind kreativ und nehmen viele Formen an, sowohl online als auch offline. Dabei kommen auch neueste technische Möglichkeiten zum Einsatz wie 3D-Kameras in live gestreamten Dialogen von Betroffenen, die es Zuschauenden erlauben, in die virtuelle Realität der Präsentationen einzutauchen.

Der Austausch auf vTaiwan ist mithilfe des Programms Polis so gestaltet, dass die übliche Tendenz zur Polarisierung auf Diskussionsplattformen vermieden wird. Das direkte Kommentieren einer Aussage ist zum Beispiel nicht möglich. Wissenschaftliche Auswertungen zeigen, dass Teilnehmende, die mit der Aussage eines anderen Teilnehmenden nicht übereinstimmten, wenig später in einem eigenen Beitrag eine Lösung für das Problem anbieten. Auch ohne direkte Kommunikation im Ping-Pong entsteht also ein fortschreitender Dialog, die Teilnehmenden lassen sich aufeinander ein.

Gefühle, Emotionen und Werte haben in diesen Prozessen explizit ihren Platz. Erst werden die verfügbaren Daten zu einem Thema gesammelt. Dann beschreiben die Teilnehmenden, welche Gefühle sie haben, wenn sie die Daten wahrnehmen. Mit den so gesammelten Eindrücken wird aktiv gearbeitet, um gegenseitig Empathie zu üben und eine gemeinsame Wertebasis herauszufiltern, die eigentlich immer vorhanden ist. Darauf aufbauend können dann konkrete Lösungsvorschläge entstehen.

Digitalisierung und Demokratie als soziale Technik

Die digitale Strategie hat durchschlagenden Erfolg und wird von der Bevölkerung sehr gut angenommen. Dabei hat sicher geholfen, dass sich in Taiwan Digitalisierung und Demokratie historisch zeitgleich entwickelten. Das Digitale sowie die Demokratie werden daher beide als soziale Techniken wahrgenommen, die Menschen zusammenbringen und kollektive Intelligenz wachsen lassen. Die Voraussetzung dafür ist: **Wir müssen als Gesellschaft genau definieren, was wir von der Technologie wollen, sonst wird sie uns dominieren.**

Tang ist grundsätzlich dafür, Open-Source-Software zu verwenden, die – zumindest in der Theorie – transparent und für alle nutzbar und überprüfbar ist. Big Data (große Datensammlungen) können dann im Dienst der Bürgerschaft von allen eingesehen und verwendet werden. Die sogenannte digitale Souveränität der Bürgerschaft wird geschützt. Der Staat macht die Entwicklung der benötigten Technologie möglich, aber er kontrolliert sie nicht und kann sie daher auch nicht für eigene Machtpolitik ausnutzen. Natürlich ist der Staat auch dafür verantwortlich, in die digitalen Strukturen zu investieren und sie zu verteidigen. Das kostet Geld. In Taiwan werden deswegen generell 5 Prozent des Budgets eines Projekts für Cybersicherheit verwendet.

Junge Perspektive

Um der Perspektive der jungen Menschen in der Politik allgemein mehr Gewicht zukommen zu lassen, hat Taiwan die »umgekehrte Mentorenschaft« etabliert. Einem Minister, einer Ministerin werden dabei zwei Mentoren unter 35 Jahren, zumeist selbst soziale Entrepreneure, zur Seite gestellt. Sie sind angehalten, sich von diesen regelmäßig beraten zu lassen. Tang war selbst, bevor sie zur Digitalministerin wurde, eine umgekehrte Mentorin und damit Beraterin der Präsidentin.

Emotionen: von der Blockade zur Brücke

Taiwan hat konsequent die Debatte geführt, auf welchen Werten die digitale Infrastruktur aufgebaut und entwickelt werden soll. Die Digitalisierung dient so den Menschen und ihrer Demokratie anstatt nur privatwirtschaftlichen Interessen. Arbeitet der Staat auf diese Weise, entsteht nachhaltiges Vertrauen, die wichtigste Ressource einer guten Zusammenarbeit.[*]

Die Erfahrungen in Taiwan machen auch deutlich: Es ist an der Zeit, die entscheidende Rolle von Emotionen für die Politikgestaltung zu akzeptieren, sonst sprengen Emo-

---

[*] Wie wertvoll dieses Vertrauen ist, hat die Coronakrise offenbart. Taiwan kam ohne größeren Lockdown durch die Krise und hat diese genutzt, demokratische Innovation zu entwickeln und für die nächste Pandemie vorzusorgen. Quelle: https://www.zeit.de/2021/12/audrey-tang-taiwan-digitalministerin-corona-pandemie?cid=56391455&utm_referrer=https%3A%2F%2Fwww.bing.com%2F

tionen und unterbewusste Zusammenhänge weiterhin unkontrolliert wichtige Vorhaben. Wir müssen lernen, mit unseren Emotionen klug umzugehen und sie zu nutzen, um gegenseitig Empathie zu entwickeln. Dadurch entsteht im Miteinander psychologische Sicherheit, eine der wichtigsten Voraussetzungen für kollektiv intelligente Prozesse und produktive Teams. In Taiwan können wir beobachten, wie dies funktionieren kann. Mittels passgenauer digitaler Formate werden Emotionen von einer Blockade zu einer Brücke und aktivieren das kreative Potenzial der Menschen. Wenn wir die ideologischen Grundsatzdebatten hinter uns lassen, wird der Raum frei, um konkrete Antworten zu entwickeln, die auf geteilten Werten basieren. So schreiten wir vom Debattieren zur Tat, von der Spaltung zu einer neuen Verbundenheit, nämlich wenn wir merken, dass uns trotz aller Unterschiede auch ungeheuer viel verbindet.

Das Großartige ist: Den digitalen Mitteln ist es egal, wie viele Menschen mitmachen, ob 23 Millionen wie in Taiwan, 80 Millionen wie in Deutschland oder 1,3 Milliarden wie in Indien, denn sie ermöglichen nahezu allen einen besseren Zugang zur Demokratie. Die Digitalisierung hält unermessliche Chancen für die Demokratie bereit. Die Voraussetzung dafür ist, dass Technologie werteorientiert eingesetzt, entwickelt und geschützt wird, von der Gesellschaft als Ganzes.

Was dieser Exkurs nach Taiwan auch deutlich macht: Wir brauchen einen viel stärkeren Austausch von Demokratien untereinander. Wir dürfen voneinander lernen, und ganz besonders von dieser jungen, aber unglaublich agilen Demokratie in Taiwan.

Die Ausweitung der Demokratie auf das Lebendige

Wenn wir noch weiter in die Zukunft greifen, könnten wir die demokratischen Rechte noch umfassender ausbauen. Wagt man den Blick in die Historie, war anfangs nur eine Elite beteiligt, dann eine Oberschicht, dann die Männer, dann die Frauen, und jetzt stehen wir vor der Beteiligung der Jugend ab dem Wahlalter von 16 Jahren. Diese Entwicklung weitergedacht könnten wir die Rechte der Beteiligung ausweiten auf Tier und Pflanze beziehungsweise auf die Natur und den gesamten Planeten. Wie könnte ein Staatswesen gestaltet sein, in dem die Überlebensinteressen aller lebenden Arten geschützt sind? Kann sich die Demokratie auch hin zur »Biokratie« entwickeln? Erhalten Pflanzen, Tiere oder Meere und die Erde dann selbst eine Stimme? Erste praktische Modelle in diese Richtung gibt es schon, neben den Menschenrechten können auch Naturrechte in der Verfassung verankert werden (wie in Neuseeland mit dem *Animal Welfare Amendment Bill*). Für diese Rechte stehen dann sogenannte Anwälte der Natur ein, die ihre Rechte notfalls bei einem Umweltgerichtshof einklagen könnten.

Eine neue Welt und ein gesellschaftlich wandelndes Bewusstsein bahnen sich ihre Wege – so oder so. Wenn die Entwicklung weiterdrängt, wenn das Bestehende sich wandeln soll, dann lasst uns gemeinsam die Richtung bestimmen und Ideen entwickeln, wie wir den Herausforderungen der Zukunft entgegenstreben können.

KAPITEL 5:

Die Demokratie braucht uns

>»Wenn die Demokratie beweglich und offen für
>Neues ist, dann bleibt die Demokratie stabil.«
>
> WOLFGANG SCHÄUBLE, BUNDESTAGSPRÄSIDENT

Die frühe Morgensonne schien mir ins Gesicht, der Nebel lichtete sich gerade, als ich am 17. März 2012 auf dem Bahnsteig stand und auf den Regionalzug nach Hamburg wartete. Von dort wollte ich weiter nach Berlin. Mit mir auf dem Bahnsteig irgendwo in der Menge sah ich Ernst Dieter Rossmann, SPD-Bundestagsabgeordneter, sowie Valerie Wilms, Bundestagsabgeordnete der Grünen, beide für den Kreis Pinneberg. Wir kannten uns. Aber heute erkannten wir uns, weil wir alle drei Mitglieder der 15. Bundesversammlung waren. Ein kurzer Gruß, und dann fuhr der Zug auch schon ein. Die schleswig-holsteinischen Grünen hatten sich unter anderem für mich als Vertreterin von *Mehr Demokratie* entschieden. Und so kam es, dass ich unter den Fittichen von Eka von Kalben (damals noch die Landesvorständin der Grünen) und Robert Habeck (damals noch Fraktionschef der Grünen im Landtag) in die Bundesversammlung kam.

In Berlin war es üblich, dass sich am Abend vor der Bundesversammlung alle Fraktionen mit ihren Gästen trafen. Die noch nicht gewählten Bundespräsidentenkandidaten fuhren dann von Lokal zu Lokal und stellten sich jeweils ihren Wähler:innen der Bundesversammlung vor.

Joachim Gauck galt als Favorit und kam auch in das von den Grünen gebuchte Lokal, zu Sarah Wiener im Hamburger Bahnhof in Berlin. Er wirkte unkompliziert, menschlich und nahbar. Wenn er im Blaumann mit dem Handwerkskoffer in der Hand vor meiner Tür geklingelt hätte, ich hätte ihn reingelassen und ihm die Wasseruhr im Keller gezeigt. Für mich ein Mann aus dem Volk. Er stellte sich und seine Schwerpunkte für eine bevorstehende Amtszeit vor, und danach durften wir Fragen stellen. Ein paar Hände gingen hoch, auch meine. Ich wusste, dass er aufgrund seiner DDR-Vergangenheit die Demokratie besonders zu schätzen wusste und auch der Bürgerbeteiligung offen, aber Volksabstimmungen kritisch gegenüberstand. Also stellte ich mich vor, erklärte, welche Organisation ich repräsentierte, und da ich ihn vielleicht wählen wollte, fragte ich ihn mit charmantem Lächeln, ob seine Position in Bezug auf Volksabstimmungen noch »verhandelbar« sei. Er musste lachen, nahm sich ein paar Augenblicke und dachte nach. Dann beschrieb er eindrücklich, welch tiefe Bedeutung seine erste freie Wahl nach dem Mauerfall für ihn gehabt hatte und welche Wertschätzung er für die bestehende Demokratie habe: »1990 durfte ich zum ersten Mal in meinem Leben im Alter von 50 Jahren in freier Wahl abstimmen«, und damals habe er sich gesagt: »Ich werde niemals eine Wahl versäumen.« Er habe noch Zweifel an der Volksabstimmung, räumte aber ein: »Ja, meine Position ist noch verhandelbar.«

Am nächsten Morgen trafen wir uns im feinen Zwirn in der Hotellobby zum Frühstück. Wir gingen die anstehenden Abläufe des Tages durch, und schon ging es in den Bundestag. Heute gehörte der Plenarsaal, ja der ganze Bundestag, der Bundesversammlung. Das war für mich ein beeindruckendes Erlebnis. Alle 1240 Teilnehmenden waren im randvollen Saal, überall herrschte Gedrängel und Gewimmel. Die ganze Politikkaste war da, neben der Kanzlerin aber auch prominente Gäste wie Senta Berger, Frank Elstner oder Otto Rehhagel, alle von einer Landtagspartei in die Versammlung gewählt.

Es folgten viele Reden und der eigentliche Wahlakt samt Auszählung. Joachim Gauck wurde in geheimer Wahl mit 991 Stimmen von 1228 gültig abgegebenen Stimmen gewählt – auch mit meiner. Er erhielt 80 Prozent der Stimmen und war ab jetzt der höchste Mann im Staat. Welch feierlicher Moment. Ab sofort stand er umringt von Sicherheitsbeamten. Der Mann aus dem Volke war jetzt ein Staatsmann.

Nach den letzten feierlichen Worten standen plötzlich alle Menschen im Saal von ihren Plätzen auf und begannen gemeinsam die Nationalhymne zu singen! Was für ein Moment! Was für ein ergreifendes Erlebnis, wenn 1240 Menschen von einem Moment auf den anderen gemeinsam ihre Stimme erheben – und ich mit Gänsehaut mittendrin. Mittendrin unter all den Abgeordneten, die einander sonst in harter Konkurrenz bekämpften und politische Feinde waren. Die sich aber, für diesen einen Moment, auf ein gemeinsames

Ganzes einließen. Ich war beeindruckt. Das vermag Musik, das gemeinsame Singen, das kann die Kunst? Ich hatte wieder ein Gefühl wie damals in der Menschenkette. Ich kannte bei Weitem nicht alle im Saal, aber ich war trotzdem ein Teil dessen, was dort in diesem Moment entstand. Wir alle teilten den Respekt vor diesem Augenblick in diesem hohen Haus, handelten mit dieser Wahl für die Menschen da draußen. Ich wünschte, auch sie hätten das hier live miterleben können.

Kunst und Politik

Würde ich technische Maßstäbe ansetzen, fragte ich danach, ob Politik gut »funktioniert«, ob sie »reibungslos« und »gut gewartet« ist. Setze ich hingegen die therapeutische Brille auf, frage ich danach, ob sie »gesund« oder »ungesund« ist. Mit jeweils geändertem Blick ändert sich auch das Betrachtete. Was passiert also, wenn ich aus dem Blickwinkel der Kunst auf die Politik schaue? Was kann die Politik von der Kunst lernen? Was fasziniert mich als Künstlerin am politischen Feld? Was wäre, wenn Politik Kunst wäre? Die Kunst scheint hier die weicheren Attribute zu liefern, und in der Kunst geht es dem Wesen nach darum, dass Dinge schön und vollkommen werden – aber passt das auch zur Politik?

Ich glaube, die Kunst besitzt neben der Natur die höchsten Qualitätsmaßstäbe, im Sinne von »das Wahre, das Gute, das Schöne«. Die Kunst kennt Kriterien für »Stimmigkeit«, sie beherrscht das Maß von Form und Inhalt. Die Kunst ist die Meisterdisziplin für das Zusammenspiel unterschiedlicher

Elemente, ihrer Verhältnisse zueinander und für die Proportionen. Wenn ich diese Maßstäbe auf die Lebensverhältnisse oder die Politik anwende, ermöglichen sie mir einen anderen Blickwinkel. Fragen wir uns doch mal aus der Sicht des oder der Kunstschaffenden: Ist unsere Politik schön, wahrhaftig und gut wie eine Mona Lisa? Stimmen die Proportionen unserer Lebensverhältnisse wie bei einem griechischen Tempel? Welcher Farbklang prägt unsere Gesellschaft, sind es eher starke, laute Farben wie Rottöne oder eher stillere Farben wie Blautöne? Kunst hat in der Regel etwas Anziehendes, etwas Belebendes oder Bereicherndes, wie eine Skulptur von Michelangelo, die architektonischen Wunderwerke eines Gaudí oder ein Konzert von Adele. Wir gehen gerne ins Kino, Theater, in Ausstellungen oder lesen Bücher, weil wir hoffentlich dadurch angeregt, inspiriert und gestärkt werden. Kunst tut uns gut. Kunst spricht uns an. Kunst stellt uns auch vor Fragen wie: Ist das, was du erlebst, bereichernd oder belastend? Schwächt oder stärkt es dich? Wie fühlt es sich an? Und was machst du daraus?

Und manchmal ist Kunst auch ganz dezidiert politisch. In diesem Jahr wird der 100. Geburtstag des Künstlers Joseph Beuys gefeiert. Beuys war seiner Zeit gewiss voraus, als er die Politik in den Kontext der Kunst stellte und die Kunst auf die zu gestaltenden Verhältnisse bezog. Auf der documenta 5 in Kassel 1972 bestand sein Ausstellungsbeitrag darin, die *Organisation für direkte Demokratie durch Volksabstimmung* zu gründen und für 100 Tage dem Gespräch über Demokratie, Kunst und Politik persönlich zur Verfügung zu stehen. Das war provokant und anziehend zugleich. Auf die Idee, die Kunst auf die Organisation der Gesellschaftsverhältnisse zu erweitern, muss man erst mal kommen. Wenn man diesen Gedanken zulässt, wird jeder Mensch zum Gestalter der Verhältnisse. Und schon schauen wir auf ein unglaubliches Potenzial an Kreativität in der Gesellschaft. In Beuys' Augen sind alle Menschen Künstler. Damit meint er nicht unbedingt die Kreativen aus Musik sowie Malerei und Dichtkunst, sondern jede und jeder gestaltet mit, was uns umgibt. **Die Gesellschaft ist in seinem Verständnis eine soziale Skulptur, und jeder Mensch sollte an diesem Kunstwerk mitgestalten können.** Welch großartiger Gedanke! Er verändert sofort meinen Anspruch an mich selbst. Wenn ich die Demokratie weiterbringen und die politische Kultur so verändern will, dass sie schön und einfach gelungen ist – dann habe ich richtig was vor! Und jeder Mensch darf Antwort geben, was es eigentlich benötigt, um dieses Ziel zu erreichen.

Ich wage zu behaupten, dass wir bei der Beschreibung der Dinge unter künstlerischen Gesichtspunkten schneller die Gemeinsamkeiten erkennen. Warum ist es 1240 Menschen in der Bundesversammlung gelungen, einen gemeinsamen Klang zu erzeugen? Weil wir alle – mehrheitlich sicher ohne musikalische Fachkenntnisse – auf die gleichen Qualitätsmerkmale zurückgegriffen haben, ohne uns über Takt, Rhythmus, Lautstärke oder die Harmonie der Tonart auszutauschen. Natürlich kannten wir das Lied, doch wir hätten mit wenig Aufwand auch etwas Unbekanntes, vielleicht sogar Improvisiertes zum Klingen gebracht. Verblüffend ist doch, dass jeder von uns sofort Zugang zur Musik hat. Wir erleben sie einfach, sie ist in uns. Die Maßstäbe der Kunst liegen in uns, wie die Natur in uns allen liegt, wir müssen sie uns nicht erst aneignen, wir müssen nur auf sie aufmerksam werden und auf sie zurückgreifen können. Ob wir eine Melodie eingängig, harmonisch, rhythmisch für ausgewogen halten, ob wir Rot aufdringlich und Blau als beruhigend empfinden, dafür brauchen wir keine demokratischen Abstimmungen. Ein Austausch darüber reicht, um zu gemeinsamen Einschätzungen zu kommen. Bei den persönlichen Vorlieben lässt sich allerdings trefflich streiten, der eine hat es lieber pink, die andere lieber grün. Aber in der Betrachtung, wie Pink im Gegensatz zu Grün auf uns wirkt, kommen wir in einer Runde schnell zu einer konsistenten Beschreibung.

Aus dem Blickwinkel der Kunst auf Dinge zu schauen ist auf jeden Fall einen Versuch wert. Sie umfasst immer das persönlich Individuelle sowie auch das Allgemeine. Ein Klavierkonzert von Beethoven oder Mozart ist unvergleichlicher Ausdruck der Komponisten, und doch bedienen sich beide allgemeingültiger Gesetzmäßigkeiten der Musik. Und mit den einzelnen Kunstschaffenden kommen durch ihre Werke neue Aspekte in die Welt, und meist sind – selbst wenn mit bisherigen Gesetzmäßigkeiten gebrochen und Neues kreiert wird – auch neue Zusammenhänge und Kontexte erkennbar. Kunst kann uns inspirieren, wachrütteln, provozieren und berühren. Doch in sich ist Kunst immer stimmig, wenn sie gelungen ist. So lautet die Frage für unser politisches System oder die Demokratie: Welches sind die Prinzipien, und wie komponieren wir mit ihnen?

Was wäre, wenn wir unsere Aufgaben unter »schönen« und künstlerischen Gesichtspunkten verstehen würden? Würde sich dann qualitativ an dem, was wir tun, etwas ändern? Wie würde sich unser Handeln bezogen auf die Welt verändern, wenn wir nach Schönheit, Wahrhaftigkeit oder Güte urteilen würden? Was wäre, wenn wir unsere Landwirte dafür bezahlen würden, unsere Umwelt so zu gestalten, dass es im weitesten Sinne »gut« ist? Wenn wir sie darin unterstützen würden, alles nur Erdenkliche zu unternehmen, die Äcker und Tiere nicht nach den Maßstäben der Effizienz, Gewinnmaximierung und Industrialisierung, sondern nach Ansprüchen des künstlerischen Maßes, nach Ausgewogenheit und verhältnismäßigen Proportionen zu bearbeiten? Ich bin überzeugt, dass die meisten Landwirte dankbar wären, wenn sie mehr Wirte, mehr »Künstler:innen« ihrer Felder sein dürften. Je schöner die Kunst sich ausgestaltet, desto mehr beherrscht sie das Maß der Dinge. Je mehr die Proportionen beispielsweise des Goldenen Schnittes, also einem bestimmten Teilungsverhältnis zweier Größen und damit einer allgemeinen Gestaltungsregel entsprechen, die wir sehr viel in der Natur, Kunst und Architektur, aber auch in unseren Gesichtern finden, desto harmonischer erleben wir sie. Das heißt, die Kunst bedient sich hier eines klaren Gestaltungsprinzips. Ähnliches gilt für den Faktor Zeit. Wir können einer Cellosonate nicht in doppelter Geschwindigkeit lauschen, nur um effizienter zu sein. Das Tempo eines künstlerischen Prozesses gibt sich die Kunst selbst.

Sobald wir unsere Tätigkeiten einem künstlerischen Anspruch unterziehen, verändern sich die Parameter, verändert sich die Qualität des Gestaltungsvorgangs. Ich will mal ein Alltagsbeispiel nennen: Wir können einen Tisch für sechs Personen sehr unterschiedlich decken. Ich kann pragmatisch und möglichst effizient alles in Windeseile irgendwie auf den Tisch stellen. Was passiert aber, wenn ich bei dem, was ich tue, in einen künstlerischen Modus wechsle? Was verändert sich? Mein Blick, meine Ausrichtung, mein Tempo, das Ergebnis. Ich beziehe plötzlich das Umfeld, Farben, Formen und Materialien mit ein, und ich schaue, was womit korrespondiert und die Sache noch schöner machen könnte. Meine gesamte Aufmerksamkeit wäre eine andere. Die Tiefe und der Geist, den ich in diesen Gestaltungsprozess einfließen lasse, bestimmen am Ende das Ergebnis. Ist es eher oberflächlich dekorativ oder künstlerisch gelungen? Ist es verstörend schön, inspirierend schrill oder eher klassisch harmonisch? Ich mache jedenfalls so lange weiter, neue Gestaltungsideen zu entwickeln, bis ich sage: »Jetzt ist es stimmig, jetzt ist es gut.«

Wer entscheidet in der Gesellschaft, was stimmig ist und was nicht? Kann das nicht nur der Künstler, die Künstlerin selbst? Und was, wenn wir jetzt alle Künstler:innen der Gesellschaft wären?

Der Architekturtheoretiker Christopher Alexander ist einer ähnlichen Spur gefolgt und hat neben den künstlerischen Gestaltungskriterien Qualitätsmaßstäbe für Lebendigkeit erforscht. Er hat aus seinen theoretischen und empirischen Forschungsergebnissen eine umfassende Theorie lebendiger Systeme entwickelt. Seine sogenannte Mustertheorie[34] fußt unter anderem auf dem Gedanken, dass der grundlegende Vorgang in der Welt die Entfaltung des Lebens ist und alles eine graduelle Lebendigkeit besitzt: jeder Mensch, jedes Tier, jeder Stuhl, jeder Stein. Seine These ist, dass der Mensch in der Lage ist, die Lebendigkeit von Systemen objektiv wahrzunehmen, sodass verlässliche Entscheidungen darauf aufgebaut werden können. Weiter behauptet er, dass lebendige Umgebungen den Menschen in seinem Menschsein, seiner Handlungsfähigkeit und seiner Freiheit stärken. Das ist das Ziel jeder Gestaltung. **Der Sinn des Lebens besteht demnach in der Teilhabe am Leben durch die Entfaltung des eigenen Selbst in Übereinstimmung mit der Entfaltung seiner Umgebung.** Der Raum und jede Form von Materie, organisch oder anorganisch, besitzen also in graduellen Abstufungen »Leben«, und zwar in Abhängigkeit von der jeweiligen Anordnung und Struktur. Die Grenzlinie zwischen lebendiger und toter Materie wird aufgelöst. Alexander behauptet sogar, dass jede Raum-Materie-Struktur eine Form von Selbst enthält, etwas Persönliches, das den ganzen Raum und jede Materie durchdringt, selbst wenn wir es nur für ein mechanisches System halten.

Alexanders Annahme ist, dass verschiedene Menschen in bestimmten Situationen die gleichen gefühlsmäßigen Wahrnehmungen haben. Vergleichen könnte man das wieder mit der Wahrnehmung von Musik, wo Menschen zwar nicht in ihren Vorlieben übereinstimmen, aber sehr wohl darin, ob eine Musik als freudig, beruhigend oder majestätisch empfunden wird. Eine entsprechende Resonanz gibt es auch gegenüber der Lebendigkeit von Systemen.

Alexander vereinfacht die Versuchsanordnung, indem den Versuchspersonen lediglich zwei Alternativen angeboten werden, von denen sie die bessere beziehungsweise lebendigere wählen sollen. Die Alternativen können zwei Bilder sein, zwei Gegenstände oder zwei Konstruktionsvarianten eines Hauses. Den Menschen wird von Alexander also kein absolutes, sondern nur ein relatives Urteil abverlangt, was viel leichter ist. Ein Gewicht zu heben und in Kilogramm zu schätzen ist schwierig, man kann sich leicht irren. Viel leichter ist es, zwei Gewichte zu geben und das schwerere zu identifizieren. Man kann das wiederum mit dem Gehör in der Musik vergleichen. Nur wenige Menschen besitzen ein absolutes Gehör und können eine Tonhöhe exakt erkennen, aber fast jeder Mensch kann den höheren unter zwei Tönen erkennen.

Die Fragestellungen, die den Vergleichsurteilen zugrunde gelegt werden, können je nach Situation und Versuchspersonen variiert werden. Sie drehen sich jedoch immer um die Resonanz zwischen den vorgestellten Alternativen und den Menschen: Welche Alternative würde dein Leben mehr bereichern? Welche erzeugt ein stärkeres Gefühl der Verbundenheit? Welche Alternative ist ein stärkerer Ausdruck von Lebendigkeit? Alexander machte Hunderte von solchen Experimenten, viele mit Gruppen von über 100 Personen. Bei korrekter Durchführung ergeben sich regelmäßig Übereinstimmungen von 80 bis 90 Prozent. Aus seiner Sicht ergibt sich ein Weltbild, in dem alle Dinge, von der Luft, die wir atmen, über die Steine, selbst der Beton unserer Städte oder auch Organisationsformen, in verschiedenen Abstufungen nach Lebendigkeit zu ordnen sind. Dies ermöglicht ein neues Bild der Welt. Es mag auf den ersten Blick ungewohnt erscheinen, aber es ist anregend, gerade wenn wir nach den Prinzipien für Gestaltung fragen. **Mit der zunehmenden Digitalisierung und dem Sog der künstlichen Intelligenz bedarf es eines Gegenpols, welcher den Menschen und das**

Menschliche an sich ins Zentrum stellt. Vielleicht ist Alexanders Denkansatz auch als ein Brückenschlag zwischen der rationalen Welt des Denkens und der emotionalen Welt der Gefühle zu betrachten.

Was wäre also, wenn wir ästhetische Gestaltungsansprüche auf unser immer wieder neu zu entwickelndes Gemeinwohl anwenden würden? Was wäre, wenn wir Gesellschaftssysteme und Staatsformen nach Begriffen von Lebendigkeit bestimmen würden? Und was verändert sich in unseren Betrachtungen, wenn wir das machen? Was wäre, wenn wir unsere Politiker:innen auch dafür wählen würden, dass sie der Schönheit in der Sache folgen können? Dass sie Entscheidungen danach fällen, ob sie die uns umgebende Welt lebendiger machen?

Wenn man diesen Gedanken auf die ambulante Pflegesituation und das Beispiel der Firma Buurtzorg anwendet (vgl. Kapitel 4), könnte man sagen, dass sich Form und Inhalt gemessen am Kunstbegriff verbessert und die sozialen Prozesse verlebendigt haben. Die jetzige Form des Unternehmens wird jedenfalls von den meisten als stimmiger und schöner empfunden. Was wäre, wenn unsere Lebensverhältnisse und Arbeitsverhältnisse so wären, dass sie uns wie die Natur oder die Kunst anziehen, erbauen, inspirieren und harmonisieren? Und selbst wenn sie verstören, provozieren und uns wachrütteln, wie die Kunst es auch kann, würden sie immer in Beziehung zu uns Menschen beurteilt und beeinflusst werden. Mir wird hier jedenfalls sehr deutlich, woran es fehlt und wohin die Reise gehen könnte. **Und solange meine Umgebung mich belastet statt belebt, so**

**lange fühle ich mich herausgefordert zu versuchen, die
Dinge zu verändern.**

Ihr seht, ich habe Interesse daran, die Dinge immer wieder von einem anderen Standpunkt aus zu beleuchten, um Neues zu erfahren und meine bisherigen Erkenntnisse zu hinterfragen. Ich rege euch alle an, für euch selbst die Demokratie zu beschreiben. Was inspiriert euch an ihr? An welchen Kriterien orientiert ihr euch?

Politik ist der Gestaltungsraum für unser Zusammenleben. Sich darüber zu unterhalten, in welche Richtung wir die Dinge, die uns alle betreffen, bewegen wollen, ist die zentrale gesellschaftliche Frage. Welches Verständnis von Zusammenleben haben wir? Auf welche Werte wollen wir unsere politischen Entscheidungen aufbauen? An welchen Vorstellungen messen, korrigieren oder kritisieren wir die Politik? Es ist nicht egal, ob unser Leben nur von mechanistisch-technischen oder auch von humanistisch-lebendigen Weltbildern bestimmt wird. Bei allem Fortschritt müssen wir heute mehr denn je die Demokratie leben, um das allgemein Menschliche nicht aus dem Auge zu verlieren. Alles hängt davon ab, ob wir uns in den Zukunftsbildern wiederfinden und ob sie dem Gemeinwohl auf diesem Planeten dienen.

Die Demokratie lebt von der Voraussetzung, dass wir anwesend sind und uns auf diese Fragen einlassen und in den Dialog gehen. Du zeigst dich mir, ich mich dir, und daraus entwickelt sich alles Weitere. Wenn wir gemeinsam mehr demokratische Erlebnisse teilen, kann uns das als Gesellschaft auch mehr verbinden. Und es gibt eben nicht nur den einen richtigen Weg. Aber einen der richtigen Wege zu finden – dabei hilft uns die Demokratie.

Deutschland hat beispielsweise das Pariser Klimaabkommen im Jahr 2015 mit 187 anderen Staaten unterzeichnet, um die Erderwärmung möglichst nicht höher als 1,5 Grad ansteigen zu lassen. Um dieses Ziel einzuhalten, gäbe es für uns in Deutschland verschiedene mögliche Varianten. Wir könnten den Weg der rein technischen Lösungen gehen und unsere Städte zu CO_2-neutralen Hightechzentren umbauen, mit Wasserstoff-Flugzeugen um die Welt reisen, CO_2 binden und in der Erde vergraben, nur laborgezüchtetes Fleisch verzehren und durch künstliche Wettermanipulation das Schlimmste zu verhindern versuchen. Ein anderer Weg wäre, den Verzicht zum Gewinn zu erklären, Neuproduktionen durch Secondhand und Recycling weitgehend zu ersetzen, Flugreisen auf eine in drei Jahren zu reduzieren und sich ausschließlich von regionalen Produkten ohne Bananen und Avocados zu ernähren. Wir könnten auch groß angelegte Umsiedlungsprogramme angehen und die Menschen in »sichere« Gebiete umziehen lassen. Oder einfach alles so weiterlaufen lassen wie bisher und der Katastrophen harren, die da kommen mögen.

Welchen der Wege wollen wir gehen? Welche weiteren Wege wären noch denkbar? Diese Fragen müssen wir demokratisch klären, und zwar solange das noch demokratisch möglich ist. Denn was passiert, wenn die unabwendbaren Krisenzustände erst mal da sind, erleben wir gerade in der Pandemie: Demokratisches Handeln wird in der Krise ausgehebelt, schnelles Regierungshandeln ist dann erforderlich, und am Ende zählen nur noch die Notverordnungen und das Machtwort einiger weniger. Die bevorstehenden Veränderungen sind so grundsätzlich, dass wir jetzt und heute die Politik damit nicht allein lassen können. **Wen immer wir wählen und in die Parlamente entsenden, sie werden die anstehenden Fragen nicht ohne, sondern mit uns beraten und beantworten müssen.**

Die Demokratie braucht dich!

Was die Demokratie von dir braucht, ist deine Bereitschaft, dich zu verändern. Sie braucht nicht die Erwartungshaltung, dass die anderen sich ändern müssen, sondern sie braucht deine Verantwortung für deine eigene Weiterentwicklung. **Als Demokraten werden wir nicht geboren, Demokraten müssen wir werden.** Ich übe das seit Jahrzehnten und bekenne, dass ich eine Meisterin im Scheitern bin. Wie oft halte ich es kaum aus zu akzeptieren, dass sich nicht mein Wille durchsetzt, sondern der der anderen? Wie oft erkläre ich die anderen zu den Deppen der Nation und nur meine Meinung für der Weisheit letzter Schluss? Wie oft ziehe ich mich aus der Affäre und will einer Elite die Verantwortung überlassen? Wie oft habe ich Allmachtsfantasien einer Alleinherrscherin nach dem Motto »Wenn ich Königin von Deutschland wäre …«?

Und jeden Tag wieder: Wie groß ist mein Vertrauen in die Demokratie wirklich? Es gehört zu einer guten Beziehung, immer wieder zu prüfen, wie groß die Liebe wirklich ist und wie ich sie pflegen und hegen kann. Wie oft kriege ich zu hören: »Ja, mir selbst würde ich schon vertrauen, aber bei meinem Nachbarn hört's auch schon auf.« Die stärkste Angst vor der Demokratie könnte die Angst vor uns selbst sein, weil wir unserer eigenen Urteilsfähigkeit nicht immer vertrauen. Zudem könnte es ja schiefgehen, es könnte das Falsche dabei rauskommen. Die Demokratie könnte sich selbst abschaffen. »Wer in der Demokratie schläft, wacht in der Diktatur auf«, las ich unlängst auf einem T-Shirt. Und ja, es stimmt, es könnte tatsächlich schiefgehen. Und es geht auch immer wieder schief: Klimakrise, Klimaflüchtete, Bienen- und Insektensterben, Wasserknappheit, Ressourcenverschwendung, Waffenexporte in Kriegsgebiete, strukturelle und alltägliche Diskriminierung von Minderheiten.

Gibt es wirklich eine gute Alternative zur Demokratie? Nein, die einzige Alternative ist, die Demokratie selbst weiter auszubauen zu einer noch liberaleren, nahbareren Demokratie der Bürger:innen. Und dazu müssen wir selbst immer demokratischer denken, fühlen und handeln.

Um demokratischer zu werden, müssen wir immer wieder an unserer inneren Haltung zur Demokratie arbeiten. **Demokratischer wirst du immer dann, wenn nicht du dich gegen die anderen durchzusetzen versuchst, sondern indem du das, was du von den anderen Menschen hörst, in Bezug zu deinen eigenen Gedanken setzt.** Das, was ich denke, ist nicht die einzige Wahrheit, sondern nur der Anfang eines Meinungsbildungsprozesses. Demokratischer wird es, wenn andere Meinungen nicht ausgeschlossen, sondern miteinbezogen werden. Wenn Diskussionen nicht geschlossen, sondern offen und für alle nachvollziehbar geführt werden. Demokratischer werde ich, wenn ich es aushalte, dass starke Polaritäten im Raum sind und ich mich trotzdem nicht verliere, ich vielleicht sogar ganz bewusst den Platz der Mitte einnehme. Demokratischer werde ich, wenn ich nicht sofort meine, das Gehörte verstanden zu haben und es abwerte, sondern wenn ich offen bleibe, wenn ich überlege, was daran hilfreich, was daran positiv sein kann, auch wenn es sich zuerst noch so abwegig anhört. Demokratischer werden wir, wenn wir uns gegenseitig zugestehen, den jeweils besseren Einfall oder Gedanken zu haben, und mit der Voraussetzung leben, dass nicht einer den Teppich knüpft, auf dem wir stehen, sondern wir alle zusammen. Demokratie schließt niemanden aus, sondern integriert jeden Menschen. Das ist nicht einfach, aber eine nicht verzichtbare Aufgabe. Demokratischer werde ich, wenn ich von der Überzeugung durchdrungen bin, dass das Gemeinwohl nur besser wird, wenn alle an seiner Bildung mitbeteiligt sind. Demokratischer werden wir, wenn wir erkennen, dass die Weisheit der Gruppe größer ist als die der einzelnen Person. Dass die Dinge besser werden, wenn wir das Bewusstsein unterschiedlicher Menschen einbeziehen.

Je demokratischer wir als Gesellschaft werden, desto mehr werden wir die Formate entwickeln, die diesem Anspruch entsprechen. Das, was uns heute dazu einfällt – Parlamente, Abstimmungen und Bürgerbeteiligung –, ist auch noch nicht der Weisheit letzter Schluss. Sicher wird das eine oder andere erdachte Mittel auch mal misslingen oder scheitern, aber das sollte uns nicht davon abhalten, weiter nach entsprechenden Ausdrucksformen zu suchen. Grundsätzlich gilt: Wer sich Demokrat oder Demokratin nennt, muss sich auch als Teil der Demokratie verstehen. Das bedeutet, dass die öffentlichen Belange immer auch meine eigenen sind. Ich bin immer eine Akteurin in der Demokratie – auch wenn ich mich enthalte. Sich nicht kontinuierlich einer festen Meinungsgruppe zu verschreiben, sondern immer offen zu bleiben für den permanenten Meinungsbildungsprozess gehört ebenso dazu, wie auch den Wahlkampf mal nicht als Wett*kampf* zu verstehen, sondern als unseren Weg zum Wahl*frieden*.

Ebenso sollten wir einen Bürgerentscheid nicht als Mittel gegen die Politik verstehen, sondern als einen willkommenen Weg der Bürgerschaft, ihre Willensbildung selbst zu definieren. Und Bürgerräte sollen gerade nicht die Parlamente ersetzen, sondern eine Möglichkeit sein, die gesellschaftliche Elastizität in der einen oder anderen Fragestellung zu erkunden, die Grenzen auszuloten und ein Bewusstsein von Gemeinwohl zu entwickeln. Wenn die Demokratie ein Sehnsuchtsort werden soll, der uns einander näherbringt, dann müssen wir die Demokratie lieben lernen. Dann muss sie ein Teil von uns und wir ein Teil von ihr sein.

Gerade habe ich die Rede von Robert Habeck und Annalena Baerbock zur Kanzlerkandidatur gehört. Ich, wir alle haben erlebt, wie ein Mann, der persönlich alles darangesetzt hat, dem Land als Kanzler zu dienen, einen Weg einschlug, der das Neue in der politischen Kultur verkörperte: Habeck trat einen Schritt zurück und schaffte damit mehr Gestaltungsraum für seine Kollegin. Chapeau!

Die Demokratie evolutionär einen Schritt weiterbringen bedeutet, jetzt unsere Haltungen zu hinterfragen – das ist es, was ich mit diesem Buch anregen will.

Wir stehen jetzt an der Schwelle von einem hierarchischen, unilateral geprägten »Die Macht des Stärkeren«-Bild und streben hin zu einem pluralen, möglichst alle Menschen integrierenden und konsensorientierteren Bild.

Ich bin davon überzeugt, dass heutzutage stabile, gesunde Demokratien auf drei Säulen stehen sollten:

- Parlamentsentscheidungen
- Volksabstimmungen
- Bürgerbeteiligung durch Bürgerräte

In die Parlamente wählen wir Menschen, denen wir vertrauen, die vier Jahre unsere Interessen vertreten und die meisten Entscheidungen für uns fällen. Wenn sie etwas übersehen oder gegen den vermeintlich mehrheitlich geprägten Willen der Bevölkerung entscheiden, können Bürger:innen mit einer Volksabstimmung korrigieren oder auch etwas auf die Tagesordnung bringen, was das Parlament noch nicht auf dem Schirm hatte. Und wenn die Gewählten einen Rat brauchen, holen sie sich per Los das ganze Land an einen Tisch im Bürgerrat. Das wäre doch ein ausgewogenes Verhältnis, oder?

Die emotionale Ebene

Bernd Ulrich hat einen sehr trefflichen Gedanken in einem Leitartikel der Wochenzeitung *DIE ZEIT* formuliert: »Der Versuch, in schweren Zeiten möglichst zumutungsarme Politik zu betreiben, endet nun darin, dass alles als Zumutung empfunden wird, die Angst der Regierenden nährt den Zorn der Regierten und der Zorn dann wieder die Angst. Offenbar braucht man nicht nur eine neue Regierung, sondern auch eine andere politische Kultur, um im Zeitalter der Zumutungen bestehen zu können.«[35]

Das Zitat trifft es ganz gut. Die Demokratie kommt nur dann an ihre Grenzen, wenn wir unseren Horizont verengen und die Macht über die Kontrolle haben wollen. Die Bevölkerung will die Politik und die Politik will die Bevölkerung kontrollieren. Beide Seiten misstrauen einander mehr, als sie sich vertrauen. Das ist die alte Basis, aber nicht die zukünftige.

Wenn ich mehr direkte Demokratie in der Absicht will, die Parlamente zu schwächen, bin ich nicht besser als jene, die das zu verhindern versuchen in der Absicht, die Parlamente vor den Bürger:innen zu schützen. Beide Seiten treiben Keile in die Gesellschaft. Wer Angst vor der Bürgerschaft hat, ist genauso schlecht dran wie jene, die Angst vor der Macht der Regierenden haben. Beide halten sich selbst für jeweils besser, die Macht zu verwalten. Wer immer diese Fronten speist, wird mich nicht gewinnen! Das ist die alte Macht-und-Gegenmacht-Logik von gestern, dank der wir geradewegs in eine Krise der Demokratie geschlittert sind. Diese Art Politik führt dazu, dass sich die einen abwenden und die anderen radikalisieren. Eine neue Perspektive wäre die Haltung: **Ich bin nicht dafür und auch nicht dagegen – ich bin mittendrin!** Was passiert, wenn ich mich in ein »Darin« hineindenke, was beobachte ich? Sogar in einem Mittendrin kann ich einen Raum erleben, aus dem die Zukunft einer neuen politischen Kultur des Miteinander entstehen kann. Das Mittendrin ist kein Zwischenraum, sondern eine die gesellschaftliche Komplexität abbildende Mitte. Wir können auf diesem Planeten nur *zusammen* überleben, und dieses Zusammen muss die gesamte Vielfalt in sich vereinen. Wer, wenn nicht die Demokratie kann das?

Um das Gemeinsame zu finden, ohne dass wir das Individuelle aufgeben, müssen wir unser Bewusstsein in der Kommunikation um ein wesentliches Feld erweitern. Wir müssen auch auf der Ebene der emotionalen Kommunikation kompetent werden.

Wie oben bereits gezeigt, bringt es nichts, wenn wir nur kognitiv Argumente austauschen, ohne die darunter liegenden Emotionen zu berücksichtigen. Denn hier liegt meist der eigentliche Grund, der zu Verwerfungen führt. Wir müssen die Verständigung auch auf der emotionalen Ebene führen. »Urteile nie über jemanden, in dessen Schuhen du nicht gelaufen bist«, lehrt ein altes Sprichwort.

Was immer die Position des anderen ist, um sie wirklich zu verstehen, muss ich verstehen, wie er dazu kommt, diese Position zu vertreten. Welche Erfahrungen liegen dem zugrunde? Ich kann den emotionalen Hintergrund für das Gesagte nachempfinden, und zwar ohne jede Bewertung! Ich akzeptiere, dass diese Emotion, die ich nachempfinden kann, einfach vorhanden ist. Wenn wir ängstlich in die Zukunft blicken, nützen uns keine Worte, die uns vermitteln, dass das alles nicht gefährlich sei. Die Angst vor der Zukunft lässt sich nicht mit Worten überzeugen, die lässt sich nur weg-fühlen, indem sie akzeptiert und eingebunden wird. So kann Freiraum entstehen, aus eigener Kraft den nächsten Schritt zu gehen, statt sich zum nächsten Schritt gezwungen zu fühlen.

Indem ich resonierend an der Emotion des anderen teilnehme, entsteht ein Kontakt zwischen uns. Dieser Kontakt ist die Basis für die emotionale und damit auch kommunikative Verbindung. Das Gespräch kann einen anderen Charakter annehmen und wird sich weniger im reaktiven Modus abspielen. Ein festgefahrenes Gespräch kann sich so lösen, und der Austausch auch über völlig kontroverse Themen ist wieder möglich. Jegliches Besserwissertum nach dem Motto »Der spinnt doch total, der Blödmann, begreift der das etwa nicht?« kann ich mir ersparen. Auf der emotionalen Ebene stellen wir oft unbewusst die Sicherheit her, aufgrund derer wir uns überhaupt erst auf das Gespräch einlassen.

Wir müssen regelrecht neu miteinander sprechen lernen. Es reicht eben nicht aus, als Sender:in möglichst viel Informationen in die Ohren der Empfänger und Empfängerinnen zu pressen. »Zuhörendes Sprechen« zu praktizieren muss trainiert werden. Während ich spreche, bin ich die ganze Zeit in Resonanz mit meinem Gegenüber und bemerke, ob und wie es mir zuhört oder eben abschweift. Jede Kommunikation ist ein »In-Beziehung-Gehen«, ob du willst oder nicht. Aus einem schlechten Gespräch gehen wir meist erschöpft und leer, aber aus einem guten Gespräch gehen wir bereichert heraus.

Unter Kommunikationstrainern und -trainerinnen ist es allgemein bekannt, dass wir einen überwiegenden Anteil der Kommunikation nonverbal führen. Albert Mehrabian, Paul Watzlawick, Schulz von Thun und viele andere stützen ihre Theorien auf diese Erkenntnis. In vielen wissenschaftlichen Untersuchungen wurde festgestellt, dass wir Menschen Kommunikation zu unterschiedlichen Anteilen wahrnehmen.

Mindestens drei Viertel der Kommunikation werden auf der emotionalen Ebene geführt, also über Gestik, Mimik, Körperhaltung und Ausstrahlung. Zu einem sehr geringen

Anteil findet Kommunikation auch über das Hören statt, also ob etwas laut oder leise, schnell oder langsam, gepresst oder entspannt gesagt wird. Und der geringste Anteil, kaum mehr als 10 Prozent unserer Aufmerksamkeit, verbleibt für die Aufnahme des Inhalts, also der gesagten Fakten und Informationen. Das erstaunt vielleicht, das können wir aber erst mal bei uns selbst beobachten. Woran erinnern wir uns, wenn wir an die Sprecherin der gestrigen Tagesschau denken? Farbe des Kleides, fröhliche Ausstrahlung und welche Fakten? Oder wie war das noch letzte Woche im Meeting? Ich erinnere mich noch gut an die leicht gereizte Stimmung, als der Kollege zu spät kam, das Tempo meiner schnell redenden Kollegin – aber welche Zahlen hat sie noch mal genannt, und wie hatte sie ihren Beitrag eingeleitet? Wer möchte, dass ein guter inhaltlicher Austausch stattfindet, bereitet sich anders vor. Nicht die vorgelesene PowerPoint-Präsentation gespickt mit Zahlen und endlosen Spiegelstrichen erreicht die Zuschauenden. Laut Hirnforschung entscheidet die emotionale Verarbeitungstiefe darüber, was hängen bleibt und wieder erinnert wird. Eindrückliche Fotos, Grafiken oder Metaphern sind hilfreich, genauso wie ruhiges, plastisches freies Sprechen und ausreichende Gedankenpausen. Wenn wir als Zuhörende die Gedanken mitentwickeln und in uns abbilden können, gelingt es uns, aufmerksamer zuzuhören, und wir speichern die Erfahrung tiefer ab.

Wenn wir verstehen, wie wir die Welt begreifen, dann kommunizieren wir anders miteinander, auch in der Politik, auch im Parlament. Das bedeutet für unseren Zusammenhalt im politischen Raum, dass wir lernen müssen, die emotionale

Kommunikation aktiv miteinzubeziehen. **Wenn ich also mit Worten etwas erreichen will, muss ich das Gespräch auch zu 80 Prozent auf der emotionalen Ebene vorbereiten und auch auf dieser Ebene aktiv führen, was in erster Linie bedeutet, dass ich innerlich zugewandt, authentisch und präsent bin.** Den Blick halten und Augenhöhe bewahren bedeutet weder über noch unter den anderen zu stehen. Gelassenheit ist die Basis der Souveränität. Ich sollte nicht vorn auf der Stuhlkante sitzen und maschinengewehrartig meine Informationssalven herausschießen. Um zu überzeugen, muss ich die Zuhörerschaft in meine Gedanken einladen und sie in meine Sphäre aufnehmen. Ich lerne dann mit einer viel höheren Aufmerksamkeit für mein Gegenüber zu sprechen und bemerke feinere Nuancen des Gesprächs. Das ist hartes Training! Idealerweise gestalte ich auch hier den Raum mit, der zwischen uns entsteht und in dem ich alles miteinbeziehe. Ein gutes Gespräch entsteht dann, wenn ich den Augenblick erfassen kann. Ich muss das Gespräch gestalten, wenn ich es führen will, auch gegenüber Politikerinnen und Politikern. Haben wir beide nach einem Gespräch wirklich das Gefühl, dass es sich gelohnt hat, dass es bereichert und einen Mehrwert erbracht hat, entsteht von allein das Bedürfnis, miteinander in Kontakt zu bleiben. Es spielt keine Rolle, ob ich jemanden mag oder nicht, ob ich ihn sympathisch oder unsympathisch finde, die Haltung und Offenheit untereinander ermöglicht das Vertrauen. Dann entsteht ein ehrlicher Kontakt oder soziale Stabilität. Darauf kommt es an. »Wie wir sprechen, entscheidet darüber, wer wir sind – auch und gerade in der Politik«, sagt Robert Habeck sehr treffend in seinem Buch *Wer wir sein könnten*.[36]

Ich versuche, die anderen immer voll und ganz zu akzeptieren, wie sie sind, denn ich weiß nie, warum sie geworden sind, wie sie sind. Auch wenn das manchmal schwerfällt – die Würde des Menschen steht über allem. Dass diese Würde von allerhand Düsternis umgeben sein kann, wissen wir. Wenn wir mal richtig aus der Haut fahren und unserer Wut freien Lauf lassen, dann stäuben wir unser Umfeld und uns selbst mit der Wut geradezu ein. Trotzdem wissen wir, dass wir eigentlich so nicht sind und auch nicht sein wollen, oder? Nichts in der Welt rechtfertigt die dunkle Seite unserer selbst – aber ihre Existenz zu leugnen verzerrt die Realität.

In der Kommunikation kommt es darauf an, sich nicht an den dunklen Nebelschwaden zu orientieren, sondern im Dickicht immer den Menschen, das Menschliche zu suchen und daran anzuknüpfen, auch wenn wir es nicht sehen können. Die Würde des Menschen ist die Basis des demokratischen Miteinander Diese Basis muss ich immer wieder neu und aktiv herstellen.

Es wird Zeit zu handeln: der Bürgerrat und Deutschlands Rolle in der Welt

Wie kommt das Neue nun in die Welt? Ich habe keine Ahnung, wie andere das machen, wie sich zum Beispiel neue Startups oder Unternehmen gründen oder wie ein neues Produkt entwickelt wird. Ich weiß, wie wir es mit *Mehr Demokratie* machen: indem wir guten Einfällen folgen, Ideen zusammentragen und uns mit anderen zusammentun. Wir beginnen, mit anderen Vorschläge zu durchdenken und umzusetzen.

Wir entwerfen Modelle, mit denen wir das Neue erproben, Erfahrungen sammeln und die Ideen weiterentwickeln. Von einem dieser Projekte möchte ich euch jetzt erzählen.

Es war Dienstagabend, der 3. März 2020, und schon dunkel, als ich mit meinem Vorstandskollegen Roman Huber und Günther Beckstein einer Einladung des Bundestagspräsidenten folgte. Anlass war der Austausch über unsere Erfahrungen mit dem ersten gelosten »Bürgerrat Demokratie«, den wir mit *Mehr Demokratie* im November 2019 durchgeführt und dessen Ergebnisse wir dem Präsidenten und dem Bundestag bereits überreicht hatten. Jetzt saßen wir in kleiner Runde am großen Tisch mit Wolfgang Schäuble sowie den ersten parlamentarischen Geschäftsführer:innen und ihren Vertreter:innen bei einem Abendessen. Es war eines der letzten Präsenztreffen zu Beginn der Coronapandemie. Wir gaben einander schon nicht mehr die Hand, der erste Lockdown folgte wenige Tage danach. Wir saßen zu zwölft beisammen, die Gesprächsatmosphäre war offen und zwanglos. Wir schilderten unsere Erfahrungen mit den 160 zufällig ausgelosten Menschen, beschrieben den Prozess und seinen Mehrwert für die Politik und die Demokratie.

Die Abgeordneten und Bundestagspräsident Schäuble waren sich einig: Sie konnten sich vorstellen, dass das Modell, so wie wir es in Anlehnung an das irische Vorbild erprobt hatten, langfristig auch für Deutschland interessant sei. Doch zuvor wollte man das Instrument noch einmal genauer unter die Lupe nehmen, und zwar zu einem Thema, auf das sich der Bundestag einigen sollte. Noch in dieser Runde begannen wir verschiedene Themen zu diskutieren. Etwa zehn Themen spielten wir für einen möglichen Bürgerrat durch, prüften sie auf ihre Machbar- und Sinnhaftigkeit. Darunter waren Vorschläge für einen Bürgerrat zum Klimawandel, zur Pflege, zur Agrarwende, zu Hass und Hetze, zu Sterbehilfe oder zur Organspende. Würden die Ergebnisse eines Bürgerrats noch in dieser Amtszeit in die parlamentarische Arbeit einfließen können? Das war eine entscheidende Frage. Uns war klar, Bürgerräte sind nur dann zielführend, wenn sie mit der Arbeit im Bundestag verzahnt werden. Am besten schreibt sich die Regierung zu Beginn einer neuen Wahlperiode mögliche Themen für Bürgerräte auf die To-do-Liste ihrer Amtszeit und hält diese im Regierungsvertrag fest. Dann können sie zeitig vorbereitet werden und ihre Ergebnisse in den parlamentarischen Prozess einfließen. Doch zurück zu unserer Diskussion über geeignete Themen für einen Bürgerrat: Am Ende verständigten sich alle auf das von der CDU vorgeschlagene Thema »Deutschlands Rolle in der Welt«. Das war ein sehr weitläufig gefasstes Thema, es tat auch niemandem weh, und darauf kam es beim ersten gemeinsamen Vorstoß an. Die anderen Parteien schlossen sich diesem Vorschlag an. Im Vordergrund sollte für den Bundestag vor allem die Erprobung des Formats stehen.

So kam es, dass der Bundestag im Ältestenrat[*] in seiner Sitzung am 18. Juni 2020 die Einsetzung des Bürgerrats

---

[*] Der Ältestenrat besteht aus dem Bundestagspräsidenten, seinen Stellvertreterinnen und -vertretern sowie 23 weiteren Abgeordneten. Dabei handelt es sich nicht unbedingt um die ältesten Parlamentarier:innen, wohl aber um sehr erfahrene. Der Ältestenrat unterstützt den Präsidenten und sorgt für einen koordinierten Arbeitsablauf im Bundestag. Er legt beispielsweise die Termine für die Sitzungswochen fest und einigt sich dann fortlaufend über die Tagesordnung.

»Deutschlands Rolle in der Welt« beschloss. In der dazuge-
hörigen Pressemeldung hieß es unter anderem: »Zur Unterstützung der politischen Willensbildung soll ein losbasier-
ter Bürgerrat, der einen gesellschaftlichen Querschnitt der
Bevölkerung Deutschlands darstellt, ein Gutachten zur Rolle
Deutschlands in der Welt vorlegen. Mit diesen Empfehlungen haben die Fraktionen eine zusätzliche Grundlage, um
politische und regulatorische Ideen und Programme weiter-
zuentwickeln.« Bundestagspräsident Schäuble erklärte dazu:
»Gerade weil die wachsende Komplexität im rasanten gesellschaftlichen Wandel die repräsentative Demokratie noch
wichtiger macht, sollten wir dafür sorgen, dass sie wieder für
mehr Bürger interessant wird und sie sich wirklich vertreten
fühlen. (…) **Es geht neben der Bearbeitung des genannten
Themas vornehmlich auch darum, zu erforschen, ob ein
solches neues Instrumentarium zur Unterstützung der
parlamentarischen Arbeit taugt, und ein für die Bedingungen Deutschlands auf Bundesebene geeignetes Format zu entwickeln.«**[37]

Diese Entscheidung des Bundestags war – wenn auch von
der Öffentlichkeit erst einmal unbemerkt – ein kleiner Meilenstein in Deutschlands Demokratiegeschichte. Ein not-
wendiger Meilenstein, denn der Druck auf die Politik hat in
den letzten Jahren zugenommen. Sie muss sich als elitär und
von Teilen ihrer Wählerschaft als abgehoben beschimpfen
lassen, und während die einen sich abwenden, fordern die
anderen seit Jahren mehr Beteiligung und Mitbestimmungs-
rechte bei politischen Entscheidungen. Allein 94 Prozent
der Jugendlichen wollen mehr mitbestimmen.[38] **Dass der
Bundestag zunehmend an Bindekraft in der Bürgerschaft**

verliert, ist kein Geheimnis. Dass die Demokratie und ihre Akteure aber in der Lage sind, sich selbst zu hinterfragen und neue Wege suchen, ist ein Zeichen des Gelingens. Wenn alle einen Mehrwert darin sehen, sich ab und zu in grundsätzlichen oder schwierigen Fragen von einem Querschnitt der Bevölkerung beraten zu lassen, dann ist das ein Fortschritt. Ein bisschen mehr an Demokratie.

Gesagt – getan! Inzwischen haben sich Mitglieder aller Fraktionen für zufällig zusammengesetzte Bürgerräte als Ergänzung und zur Beratung von Parlament und Regierung ausgesprochen. Alle im Bundestag vertretenen Parteien hatten sich auf das Thema »Deutschlands Rolle in der Welt« eingelassen. Unter der Schirmherrschaft des Bundestagspräsidenten Wolfgang Schäuble nahmen wir mit *Mehr Demokratie* diesen Ball auf und entschieden uns, den Bürgerrat mit unserem Partner *EsGehtLos!* für den Bundestag zu organisieren, sodass die Ergebnisse möglichst schnell, also noch in dieser Wahlperiode, auf dem Tisch lagen. Wir beauftragten die Durchführungspartner *nexus, IFOK* und das Institut für Partizipatives Gestalten und gewannen Marianne Birthler als prominente Vorsitzende. Dann legten wir los. Zunächst fragten wir alle Bundestagsfraktionen nach ihren Vorstellungen und Erwartungen im Hinblick auf das Thema und stellten fest, dass wir, um die Frage nach der Rolle Deutschlands in der Welt beantworten zu können, fünf verschiedene Themenfelder einbeziehen mussten: Frieden und Sicherheit, Demokratie und Rechtsstaatlichkeit, Wirtschaft und Handel, nachhaltige Entwicklung und die Europäische Union. Dann losten wir wieder, wie schon bei unserem ersten Bürgerrat Demokratie, bundesweit die Teilnehmenden aus. Auf jede und jeden von uns Bürgerinnen und Bürgern konnte das Los fallen. Wir luden knapp viereinhalbtausend Menschen ein, um dann aus den Rückmeldungen 160 Menschen im Alter von 16 bis über 90 zusammenzubringen, die nach Geschlecht, Bildungsabschluss, Alter, Migrationshintergrund und Stadt-Land-Region unsere Gesellschaft spiegelten. Getagt wurde dann online per Videokonferenz, an zehn Tagen über fünf Wochen hinweg – mitten im Lockdown. So etwas gab es noch nie, und über die Hälfte der Teilnehmenden war noch nie bei einer Videokonferenz live dabei. Wer technische Hilfe oder einen Laptop brauchte, bekam sie. Jede und jeder saß zu Hause und konnte sich einbringen. Unter der Vorsitzenden, der Bürgerrechtlerin Marianne Birthler, nahm der Bürgerrat mithilfe von über 60 Moderierenden und 44 Experten dann seine Arbeit auf.

Weil auch wir das Modell tiefer erforschen wollten, übertrugen wir die wissenschaftliche Auswertung Prof. Dr. Ortwin Renn vom IASS in Potsdam und Prof. Hans Joachim Lietzmann vom Institut für Demokratie- und Partizipationsforschung der Bergischen Universität Wuppertal. Auch ließen wir die gesamte Arbeit von einer Begleitgruppe der Bundestagsverwaltung sowie zahlreichen Medienvertreter:innen beobachten. Wir waren öffentlich und transparent. Wer sehen wollte, wie der gesamte Prozess ablief, konnte das tun und sich ein eigenes Urteil bilden.

Im Bürgerrat wurde zugehört, diskutiert, gefragt, beraten und Vorschläge formuliert. »Stell dir vor, die Position der anderen wäre deine, wie fühlt sich das an?«, war ein idealer Satz, um die Meinung anderer aufnehmen zu können. Nach fünf Wochen intensiver Beratung war es so weit. Die gesamte Versammlung stimmte über ihre Vorschläge ab. Das Ergebnis waren vier Leitsätze und 32 Empfehlungen aus fünf Themenfeldern, alles zusammengefasst und erläutert in einem 70-seitigen Bürgergutachten. Noch vor Ostern 2021 wurde es dem Bundestag öffentlich übergeben und stand dann auch gleich auf der Tagesordnung. **Immerhin, drei Ausschüsse, zwei Arbeitsgruppen und mehrere Fraktionen setzten sich mit den Ergebnissen auseinander.** Auch das Auswärtige Amt wies auf die Bedeutung der Ergebnisse hin. Bundesaußenminister Heiko Maas ließ es sich nicht nehmen, sich die Ergebnisse persönlich von den Bürgerräten vorstellen zu lassen.

Das ist ein Anfang! Er ist möglich geworden, weil wenige – nämlich drei Menschen! – an die Sache glaubten. Weitere Bürgerräte mögen folgen!

Der nächste praktische Schritt ist die Institutionalisierung von Bürgerräten, ihre rechtliche Verankerung, welche der Bundestag in der nächsten Legislaturperiode 2021 bis 2025 umsetzen könnte.

Handlungsmöglichkeiten

>»Wenn du mich nicht begehrst, dann verlasse ich dich.
>Deine Demokratie«
>
>GRAFFITO AN EINER HAUSWAND

Das Versprechen der Demokratie ist ein schöneres, wahrhaftigeres, gerechteres Leben für alle, das ohne Demokratie so nicht erreichbar und möglich wäre. Dass dieses Versprechen immer wieder auf die Probe gestellt wird, sollte uns nicht an der Demokratie selbst zweifeln lassen.

Dass wir die Demokratie verändern und weiterführen können – durch uns, durch dich, durch sie, durch ihn –, das habe ich gezeigt.

Wer bis hierhin gelesen hat und jetzt den Wunsch und Drang in sich verspürt, seine Beziehung zur Demokratie zu vertiefen, für den gibt es nun eine ganze Reihe vielfältiger Anregungen.

1. **Der erste Schritt.** Mache dir ein paar Gedanken, was dich am meisten bewegt in Bezug auf die Demokratie oder Politik. Schreibe dir die wichtigsten Gedanken oder Ideen auf. Gehe der Frage nach, wofür du dich am liebsten einsetzen würdest. Was brennt in dir? Was fehlt dir? Wo

zieht es dich hin? Wenn du ein Anliegen oder ein Interesse verspürst, dann mach unbedingt einen allerersten Schritt: Sprich mit Freunden darüber, stöbere durch das Internet oder kaufe dir ein Buch dazu. Strecke deine Fühler aus und beobachte, was dir entgegenkommt und wo du hängen bleibst. Gib deinem Anstoß mindestens eine Woche Zeit, aber täglich mindestens fünf Minuten, um ihm nachzugehen. Mache dir täglich ein paar Notizen und schau, wo es dich in kurzer Zeit hingeführt hat. Lass zu, dass Dinge auf dich zukommen, Hinweise dich erreichen oder dir einfach zufallen. Vielleicht möchtest du dich auch erst mal nur einer Organisation anschließen, dich in einen Newsletter eintragen oder an einer Veranstaltung teilnehmen. Vielleicht interessiert dich eine Partei, ein Verein oder dein Gemeinde- oder Stadtrat. Dann nimm Kontakt auf und besuche mal eine öffentliche Sitzung. Das Gleiche gilt für Landtage oder den Bundestag. Gehe auf das zu, was dich anzieht. Trete bei, arbeite mit oder werde förderndes Mitglied. Bringe dich nach deinen Möglichkeiten ein und beobachte, was passiert, was es mit dir macht und wohin es dich führt. Fasse einen Entschluss und folge ihm. Für den Anfang sind das die wichtigsten Schritte.

2. **Die eigene Meinung: Lerne, dir eine eigene Meinung zu bilden.** Das ist nicht selbstverständlich. Sich der Meinung anderer anzuschließen ist leichter, als sich selbst ein Urteil zu bilden. Bis ich mir eigene innere Werte und einen eigenen Zugang zur Demokratie herausgebildet habe, hat es eine Weile gedauert. Gleichzeitig ist es auch unglaublich schwer, seine Meinung zu ändern, wenn man sich mal fest-

gelegt hat, oder Standpunkte von anderen, die sich nicht in der eigenen Blase aufhalten, wirklich an sich heranzulassen. Das kann man richtig üben. Die Meinung zu ändern finden wir großartig – solange es die der anderen ist. Oft erklären wir uns die »falschen« Meinungen der anderen mit deren Unwissen. Wenn wir der Gegenseite bloß lange genug Fakten darlegen könnten, würde sie ihren Irrtum zweifellos einsehen. Angesichts der Tatsache, dass wir damit kaum je erfolgreich waren, ist das eine erstaunliche Überzeugung, wird doch der Einfluss von Wissen bei der Meinungsbildung überschätzt (siehe Kapitel zuvor). Zudem ist nicht Unwissen das Problem, sondern Halbwissen. Das größte Problem aber ist: Wir glauben, was wir glauben *wollen*. Das ist wissenschaftlich bestens belegt und nennt sich »Bestätigungsfehler«. Das ist unsere Neigung, Informationen so auszuwählen, dass diese die eigenen Erwartungen erfüllen. Wir glauben den Experten, die uns näherstehen, eher als den gegnerischen Experten, unabhängig davon, wie einleuchtend die Argumente sind.

- Teste es bei dir selbst und komm dir auf die Schliche. Erliege nicht dem Trugschluss, dass die Meinung zu ändern eine Schwäche wäre. Im Gegenteil, du zeigst, dass du etwas gelernt hast. Und: Du bist nicht deine Meinung. Wer du bist, sollte vielmehr eine Frage deiner Werte und Handlungen sein.

3. **Sprich persönlich mit deinem oder deiner zuständigen Abgeordneten im Landtag, Bundestag oder mit deinen Kommunalpolitiker:innen:** Politiker:innen sind darauf angewiesen, ein offenes Ohr für die Bevölkerung zu

haben und möglichst vielfältige Gedanken aufzunehmen. Alle Bundestagsabgeordneten deines Wahlkreises haben ein eigenes Wahlkreisbüro, über das sie erreichbar sind oder sogenannte Bürgersprechstunden anbieten. Schreibe ihnen, gehe hin und suche das Gespräch. Du sollst ihnen nicht deine Meinung geigen, überlege dir lieber ein paar Fragen. Entwickle ein Interesse für sie, dafür was diesen Menschen wichtig ist. Frage, warum sie Politiker:in geworden sind oder was ihr innerstes Anliegen ist. Entdecke Gemeinsamkeiten und Differenzen. Nehme Kontakt auf! Unter www.abgeordnetenwatch.de kannst du deine Abgeordneten und vor Wahlen auch die Kandidierenden in deinem Wahlkreis direkt und persönlich befragen. Du findest hier außerdem Informationen zu Abstimmungsverhalten, Ausschussmitgliedschaften und Nebentätigkeiten.

• Außerdem haben alle das Recht auf Informationen aus Politik und Verwaltung. www.fragdenstaat.de hilft dir dabei, dein Recht durchzusetzen. Wenn du eine Frage hast, leiten sie diese an die zuständige Behörde weiter. Du erhältst eine E-Mail, sobald die Behörde auf deine Anfrage reagiert. Die Antwort wird dann für dich und auch für andere öffentlich einsehbar.

• Und an dieser Stelle auch noch eine Buchempfehlung, um ein besseres Gespür für Bundestagsabgeordnete und ihre Arbeit zu bekommen: *Alleiner kannst du gar nicht sein* von Peter Dausend und Horand Knaup.

4. Engagiere dich in einer der vielen Organisationen direkt bei dir vor Ort. Wenn du dich einbringen, engagieren oder ehrenamtlich helfen willst, erkundige dich, welche

Möglichkeiten es bei dir in der Nähe gibt. Das kann der örtliche Naturschutzverband oder die Kirchengemeinde sein, der Verband der Landfrauen oder der Bauernverband, die Diakonie oder Caritas, die Tafel oder der Tierschutzverein.

- Auf ehrenamt.bund.de findest du sämtlich Angebote für ehrenamtlichen Einsatz.

5. Rege einen Bürgerrat in deiner Gemeinde an. Wenn du ein wichtiges Anliegen in deinem Ort gefunden hast, dann vernetze dich und rege bei deiner Gemeinde ein Beteiligungsverfahren an. Dafür gibt es noch keine gesetzlichen Regelungen. Du kannst dich aber bei deiner Gemeinde erkundigen, ob sie eine Beteiligungssatzung oder einen Beteiligungsleitfaden haben. Aber im Grunde kann jeder Bürger, jede Bürgerin einen Beteiligungsprozess vorschlagen. Wichtig ist jedoch vorab zu klären, ob es ein wirkliches Interesse an den Ergebnissen eines solchen Prozesses gibt. Meistens ergibt ein Beteiligungsformat wie ein zufällig zusammengesetzter Bürgerrat nur Sinn, wenn es auch eine unmittelbare politische Anbindung gibt. Das bedeutet erst einmal freundliche Gespräche mit dem Gemeinderat. Bürgerbeteiligung kann dann ganz unterschiedlich organisiert sein.

- Hier wird erklärt, wie ein Bürgerrat funktioniert und was es dazu alles braucht: www.buergerrat.de/fileadmin/downloads/broschuere_buergerrat.pdf

6. Starte in deiner Gemeinde selbst ein Bürgerbegehren. Ein anderer Weg, etwas zu verändern, gerade wenn es vonseiten der Verwaltung keine Offenheit gibt, ist ein Bürgerbegehren. Jede Bürgerin, jeder Bürger kann ein Bürgerbegehren initiieren. Dafür müssen sich in der Regel drei Vertrauenspersonen bereit erklären, das Begehren beim Amt anzumelden. Idealerweise schließt du dich mit Nachbarn, Freunden oder verbündeten Vereinen zusammen. Im Wesentlichen sind es wenige Schritte, die du befolgen musst: 1.) Formuliere dein Anliegen mit einer Frage, die mit Ja oder Nein zu beantworten ist. 2.) Dann meldest du beim Amt dein Bürgerbegehren an. 3.) Innerhalb einer bestimmten zeitlichen Frist musst du eine Mindestzahl an Unterschriften in deiner Gemeinde sammeln. 4.) Wenn dein Begehren die nötige Unterstützerzahl hat, kann die Gemeinde deinen Vorschlag einfach übernehmen. Wenn sie ablehnt, kommt es automatisch zum Bürgerentscheid über deinen Vorschlag. 5.) Die Mehrheit der abgegebenen Stimmen entscheidet, ob und welche Vorlage gewonnen hat. Sie ist dann verbindlich und muss umgesetzt werden. Lass dich gleich zu Beginn von der Kommunalaufsicht (Gemeindeverwaltung) oder von *Mehr Demokratie* beraten.

- *Mehr Demokratie* bietet Beratung zu allen Fragen rund um Bürgerbegehren (wie auch zu Bürgerräten). Die Regelungen dazu sind je nach Bundesland unterschiedlich, siehe auch: www.mehr-demokratie.de/service-beratung/buergerbegehrensberatung. Du willst wissen, welche Bürgerbegehren es in deiner Region gibt oder gab? *Mehr Demokratie* führt in Zusammenarbeit mit dem Institut für Demokratie- und Partizipationsforschung der Bergischen Universität Wuppertal die einzige Datenbank, die alle Bürgerbegehren in ganz Deutschland erfasst. *Mehr*

Demokratie veröffentlicht regelmäßig Berichte und Statistiken über Volksbegehren in den Bundesländern und Bürgerbegehren in den Kommunen. Datenbank sowie Volks- und Bürgerbegehrensberichte: www.mehr-demokratie.de/nc/datenbank-buergerbegehren/

7. **Starte ein Klimabegehren, also ein Bürgerbegehren zur Klimafrage.** Der Klimawandel findet global statt. Um Klimaschutz zu betreiben, müssen aber vor allem Maßnahmen regional in den Kommunen umgesetzt werden. Viele Kommunen tun sich damit sehr schwer. Möchtest du dich in deiner Stadt oder Gemeinde für den Klimaschutz einsetzen, kannst du das mit zahlreichen Ideen und einem Bürgerbegehren tun. So haben zum Beispiel die Menschen in München mit einem Bürgerentscheid die Schließung eines riesigen Steinkohlekraftwerks und den Umstieg auf klimaneutrale Energiequellen beschlossen.

   • Bestell dir hier gleich den neu aufgelegten und super motivierenden Ratgeber *Klimawende von unten*: www.klimawende.org

8. **Willst du die digitale Beteiligung anregen, dann rege an, Consul zu nutzen,** die Open-Source-Software für Bürgerbeteiligung. Consul wird bereits in vielen Städten wie zum Beispiel New York, Paris und Madrid, aber auch in München sowie in mittleren und kleinen Gemeinden Deutschlands verwendet. Man kann damit Debatten, Bürgerhaushalte, partizipative Gesetzgebung oder Abstimmungen organisieren: www.mehr-demokratie.de/projekte/beteiligungs-software-consul/

9. Mitarbeit in einer Partei. Parteien sind die zentralen Akteure in der Politik. Sie nehmen über Wahlen und Entscheidungen in den Parlamenten unmittelbar Einfluss auf die Gesetzgebung. Wenn du noch nicht auf eine Partei festgelegt bist, dann besuche zunächst die Websites der verschiedenen Parteien. Vergleiche die Inhalte und Positionen, aber schau dir auch die Personen und das Auftreten der Partei an. Wenn du unsicher bist und dich nicht entscheiden kannst, besuche die angebotenen Veranstaltungen. Viele Veranstaltungen finden mittlerweile auch online statt und du kannst einfach mal hineinschnuppern. Sprich am besten mit mehreren Personen und biete dein Interesse und deine Bereitschaft zur Mitarbeit an. Alles Weitere wird sich ergeben, du wirst in die Parteiarbeit hineinwachsen und dich immer mehr einbringen können. Wenn du Infoständen von Parteien auf der Straße begegnest, bleibe einfach mal stehen, sei offen und wertschätze die Arbeit und interessiere dich für die Angebote, auch wenn sie erst mal nicht deiner Einstellung entsprechen. Zu wissen, was die verschiedenen Parteien wollen, wofür sie stehen und wo ihre Schwerpunkte liegen, gehört zur demokratischen Allgemeinbildung.

10. Du willst gleich selbst eine eigene Partei gründen? Mit jeder Wahl treten auch immer viele neu gegründete Parteien an und versuchen ihr Glück. In dem Buch *Liebeserklärung an eine Partei, die es nicht gibt* von Hanno Burmester und Clemens Holtmann wird beschrieben, wie eine neue Art von Partei gegründet werden könnte, die Politik grundsätzlich neu denkt (so wie es teilweise auch

in diesem Buch hier beschrieben ist). Clemens Holtmann
hat die Partei *Demokratie in Bewegung* mitgegründet und
ist damit gescheitert. Hanno Burmester ist Organisations-
entwickler und hat viele Parteien beraten. Darüber hinaus hat er die Bundespolitik als Mitarbeiter im Bundestag,
einer Parteizentrale und als investigativer Journalist ken-
nengelernt. In jedem Fall hast du nach der Lektüre auch
viel darüber gelernt, warum es in den bestehenden Partei-
strukturen oft so schwierig ist.

11. **Arbeite in deinem Bundesland bei einem laufenden
Volksbegehren mit oder starte selbst eines.** In vielen
Bundesländern laufen mittlerweile tolle Volksinitiativen
und Volksbegehren. Da ist Mitarbeit in der Regel sehr willkommen und man kann sich für eine überschaubare Zeit
intensiv engagieren. Informationen über laufende Verfahren findest du auf der Website von *Mehr Demokratie,* du
kannst aber auch selbst ein Volksbegehren initiieren. Das ist
dann ein wirklich großes Projekt und wird vermutlich dein
Leben verändern. Lasse dich am besten vom Innenministerium deines Bundeslandes und von *Mehr Demokratie* beraten. Keine Sorge, die sind auf solche Anfragen vorbereitet.
Wichtig ist, dass du nicht allein bist, sondern einen verlässli-
chen Kern von mindestens zwei weiteren Mitstreiter:innen
hast. Ihr braucht gute Bündnispartner:innen im Land,
damit eure Initiative auch bekannt und erfolgreich werden
kann. Da die Hürden immer noch hoch sind, hängt es stark
vom Thema wie auch vom Zeitpunkt ab, ob ein Volksbegehren erfolgreich sein kann.

• Weitere Infos unter: www.mehr-demokratie.de

Kurz vor Schluss

Schuld sind immer die anderen?

- Nein! Übernimm Verantwortung. Fass dich an die eigene Nase, sei ehrlich mit dir und ergreife deine Chance, auch wenn es scheinbar keine gibt. Nimm dir täglich ein paar Minuten, sammle deine Ideen und sei überrascht, was sich schon nach sieben Tagen alles getan hat.

Wer jammert, hat noch Reserven!

- Wach auf, dein Gejammer bringt dich nicht weiter, deine konstruktiven Vorschläge hingegen schon. Zieh dich nicht raus oder zurück, sondern misch dich ein. Das gilt für deinen Freundeskreis genauso wie für dein Arbeitsleben und deine gesellschaftliche oder politische Arbeit. Das heißt nicht, dass alle deine Vorschläge sofort aufgegriffen werden, aber solange du beteiligt bist, dich nicht zurückziehst, bist du Teil der Gesellschaft oder der Gruppe, und diese wird auch deine Interessen berücksichtigen.

Sei offen für andere Menschen!

- Öffne deine eigene Meinungsblase und freue dich bewusst über jeden, der anderer Meinung ist, weil du von ihm etwas über die Gesellschaft lernst, in der du lebst.
- Frage dich, was an der anderen Meinung interessant ist. Könnte da was Wahres dran sein? Gibt es eine Vereinbarkeit? Gibt es ein beidseitiges Entgegenkommen?

Wenn du scheiterst, versuch's noch mal, nur größer!

- Ja, wir lassen uns viel zu schnell entmutigen. Jeder kleinste Widerstand wird als Grund herangezogen, es erst gar nicht zu versuchen.

- Gib nicht auf, neue Wege zu suchen, es findet sich immer einer. Die meisten Start-ups scheitern erst mal und starten dann beim zweiten, dritten oder vierten Versuch durch. Erkenne an, dass das Scheitern dazugehört, mache das Scheitern zu deinem Lehrmeister.

- Ich wollte vor sieben Jahren mit *Mehr Demokratie* den ersten deutschlandweiten Bürgerrat als »Bundeswerkstatt« organisieren. Als mir damals die Durchführungsinstitute die Kosten von 150 000 Euro nannten und meine Kollegen abwinkten, gab ich auf. Bis wir jetzt den Bürgerrat Demokratie initiiert haben – der hat dann gleich 1,3 Millionen Euro gekostet und war erfolgreicher als das, was wir vor sieben Jahren hätten erreichen können. Was ich damit sagen will: Nur weil sich eine Idee nicht sofort umsetzen lässt, heißt das noch lange nicht, dass man von ihr ablassen muss. Vielleicht muss man sie einfach mal loslassen, unter Umständen kommt sie von ganz anderer Seite wieder auf dich zu.

Zu guter Letzt

Während ich diese Zeilen schreibe, melden die Nachrichten die erzwungene Zwischenlandung des Ryanair-Linienflugs von Athen nach Vilnius im weißrussischen Minsk, um den an Bord befindlichen regierungskritischen Journalisten und Blogger Roman Protasewitsch festzunehmen. Das ist eine neue Dimension, das ist »Staatsterrorismus«, wie CDU-Außenpolitiker Norbert Röttgen dem weißrussischen Diktator Lukaschenko vorwirft. Roman Protasewitsch lebte bereits im Exil in Litauen, um von dort aus die Demokratiebewegung in Belarus zu unterstützen.

Ein Moment, der mich fassungslos macht. Wie sehr muss man als Autokrat ein Feind der Demokratie sein, um so gegen seine Bürger:innen vorzugehen? Und wie sehr muss man die Demokratie vermissen, um in Kauf zu nehmen, sein Leben zu verlieren?

Umso größer ist meine Dankbarkeit, hier in diesem Land zu leben und diese Zeilen schreiben zu können. Ich bin dankbar, mich als Teil einer breiten Demokratiebewegung zu fühlen, die mit der Politik gemeinsam die Demokratie stärken und weiterentwickeln will!

Danke

Wäre Katharina Höftmann Ciobotaru nicht so entschlossen auf mich zugekommen, hätte sie mich nicht zum Schreiben und zum Verlag geführt, hätte ich diese Zeilen nicht schreiben können. Nicht jetzt, nicht in dieser kurzen Zeit. Sie mitten im Raketenhagel in Tel Aviv, ich im schleswig-holsteinischen Frühling. Am Ende waren wir ein großes Team, das zum Gelingen beigetragen hat.

Ganz besonders danke ich Roman Huber, meinem Vorstandskollegen, für seine jahrelange Unterstützung im gemeinsamen Wirken für mehr Demokratie. Ein besonderer Dank gilt auch meinen Kollegen bei *Mehr Demokratie,* die mit Herz und Verstand dabei sind, sowie Lukas Beckmann für seinen kritischen Blick und Rat.

Ich danke all jenen, die mir in den letzten Wochen den Rücken freigehalten und mich unterstützt haben, vor allem meinen Töchtern und meiner Familie. Und ich danke der Demokratiebewegung, ohne die ich meine Erfahrungen nicht hätte machen können.

Lektüreliste

180 Grad – Geschichten gegen den Hass von Bastian Berbner, C. H. Beck (2019)

Alleiner kannst du gar nicht sein von Horand Knaup und Peter Dausend, dtv (2020)

Im Grunde gut von Rutger Bregmann, Rowohlt (2020)

NEUSTAAT von Thomas Heilmann und Nadine Schön, FinanzBuch Verlag (2020)

Demokratie – Die Unvollendete von Ute Scheub, oekom (2017)

Nordic Ideology: A Metamodern Guide to Politics von Hanzi Freinacht, Metamoderna ApS (2019)

Factfulness von Hans Rosling, Ullstein (2019)

Reinventing Organizations von Frederic Laloux, Vahlen (2016)

Demokratie einfach machen von Gregor Hackmack, Edition Körber (2014)